# MERIAN *momente*

# BODENSEE

SUSANNE KILIMANN, RASSO KNOLLER

W0041804

## Zeichenerklärung

 barrierefreie Unterkünfte
 familienfreundlich
 Hunde erlaubt
 Der ideale Zeitpunkt
 Neu entdeckt
⊚ Ziele in der Umgebung
🗺 Faltkarte

## Preisklassen

Preise für ein Doppelzimmer mit Frühstück:

| €€€€ ab 200 € | €€€ ab 150 € |
| €€ ab 100 € | € bis 100 € |

Preise für ein dreigängiges Menü:

| €€€€ ab 55 € | €€€ ab 40 € |
| €€ ab 25 € | € bis 25 € |

# DEN BODENSEE ENTDECKEN 4

# DEN BODENSEE ERLEBEN 20

# DEN BODENSEE ERKUNDEN 62

Von Immenstaad
zum Überlinger
See

Rund um
Konstanz

Von Lindau bis
Friedrichshafen

Die Schweizer
Bodenseeseite

Der
österreichische
Bodensee

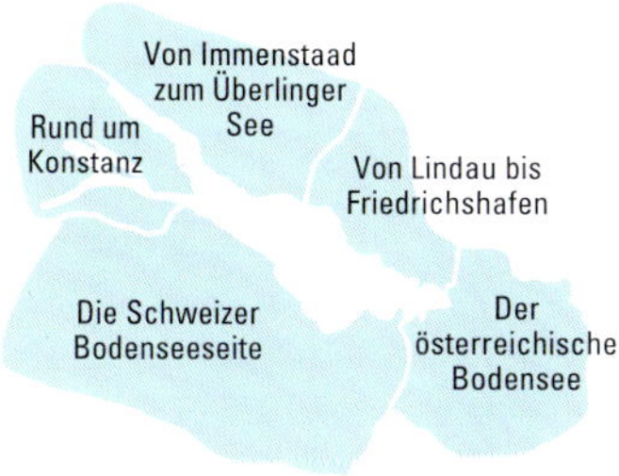

# TOUREN RUND UM DEN BODENSEE 154

# DEN BODENSEE ERFASSEN 164

# KARTEN UND PLÄNE

# DEN BODENSEE
# ENTDECKEN

# MEIN BODENSEE

*Wer Urlaub am Bodensee macht, muss sich vor Reiseantritt nicht entscheiden, ob er eine Aktivreise, eine Kulturreise oder eine kulinarische Reise mit hervorragenden Speisen und Weinen unternehmen will. Die Gäste der Bodenseeregion haben die Auswahl.*

»Es war ganz herrlich, und ich sah unendlich viel Schönes. Die Rathäuser in Überlingen und Konstanz, das Schloß in Meersburg, die Kirchen der Reichenau und die alte Kanzlei in Überlingen gehören zum Allerschönsten was ich je gesehen habe …«. So schrieb Nobelpreisträger Hermann Hesse, der später an den Bodensee zog, im Dezember 1903 in einem Brief an seinen Freund, den Maler Hermann Haas. Ähnlich begeistert – wenn wohl auch literarisch weniger anspruchsvoll – klingen die Texte auf den Postkarten und in den Mails, die Jahr für Jahr Tausende Touristen vom Bodensee nach Hause schicken.

Meine Liebe für den Bodensee begann dagegen etwas zögerlicher. Ich wurde eineinhalb Autostunden vom Bodensee entfernt geboren, in mei-

◄ Immer mehr in Mode kommt auch am
Bodensee das Stand-up-Paddling.

ner Kindheit gehörte er zu den Ausflugszielen, die wir am Sonntag mit unserem Ford Taunus ansteuerten. Die Erwachsenen schwärmten vom Blick aufs Alpenpanorama, von der Baumblüte im Frühjahr, und wenn ich mich recht erinnere, schmeckte ihnen auch der Bodenseewein. Ich, das Kind, wollte lieber baden – trotz des strengen Geruchs, den der See verströmte, und trotz seines wenig ansprechenden grünlichen Wassers. Mutter wollte das nicht, nur ein einziges Mal ließ sie mich schwimmen gehen und auch das nur, weil ich versprach, »den Kopf nicht unterzutauchen«. Mutter hatte damals wohl recht. In den Siebzigern tränkten die Bauern ihre Felder am Bodenseeufer mit Gülle und Düngemitteln, und die Gemeinden leiteten ihre Abwässer ungeklärt in den See. Der Bodensee war damals mehr Kloake denn Idyll.

Später, als Halbwüchsiger, war er dann für mich der Ort, an den Großmutter mit der Kirchengemeinde fuhr, zum Blumenschauen auf die Insel Mainau. Auch das machte den Bodensee für mich nicht attraktiver. So fuhr ich mit meinen Freunden, als wir endlich selbst ein Auto hatten, lieber nach Italien, an den Gardasee. Das war cool.

Ein Zufall brachte mich zurück an den Bodensee. Inzwischen hatte schon das neue Jahrtausend begonnen, ich lebte schon lange nicht mehr in Süddeutschland, und der Bodensee lag nicht mehr in der Nachbarschaft.

## SEE MIT VIELEN VORZÜGEN

Das Alpenpanorama, die Baumblüte und den Bodenseewein – das gibt es noch immer. Und alles ist so schön und gut wie früher. Aber sonst hat sich viel verändert. Aus dem stinkenden Gewässer ist ein klarer Voralpensee geworden, der Trinkwasserqualität hat. Kinder kann man unbesorgt baden lassen. Das Wasser ist aber nicht nur zum Schwimmen da – segeln kann man auch, Kanufahren und rudern. Wer mit der Zeit gehen will, versucht sich im Stand-up-Paddling, kurz und bündig »SUP«, wie es die Fachleute nennen. Oder man fährt einfach mit dem Ausflugsdampfer von einem Ufer zum anderen. Das mag altmodisch sein, trotzdem immer wieder schön.

Obwohl der Bodensee das Zentrum der Region bildet, kann man ihn aber auch einfach malerischen Hintergrund sein lassen und an Land bleiben. Von einfach bis schwer, die Alpen sind schließlich nicht weit, finden Wanderer Strecken für jeden Geschmack. Wer Zeit und Energie hat, kann auch gleich den ganzen Bodensee umwandern. Schneller geht die See-umrundung mit dem Fahrrad. 220 000 Radler sind auf dem rund 260 Kilometer langen Bodenseeradweg pro Jahr unterwegs – damit ist er der beliebteste Langstreckenradweg Europas. Touristen, die Koffer oder Rucksack nicht Etappe für Etappe mitschleppen wollen, können ganz bequem den Gepäckshuttle in Anspruch nehmen. Überhaupt der Service. Der wird von Jahr zu Jahr besser. Schon lange hat man erkannt, wie wichtig Freundlichkeit im Tourismus ist. Die liegt den Leuten vom Bodensee aber ohnehin im Blut. Kontaktfreudig und offen ist man hier am See. Vielleicht färbt das milde Klima ja auf die Bewohner ab.

## ZEPPELIN UND DIE STEINZEITMENSCHEN

In Sachen Kultur bietet die Region um den See Spitzenniveau. Die Bregenzer Festspiele sind für Einheimische und Touristen gleichermaßen interessant – jeder vierte Bregenzer guckt sich die Inszenierung an. In St. Gallen halten sie mit ihren eigenen Festspielen dagegen, hier steht die Bühne zwar nicht im See, aber ähnlich eindrucksvoll im Klosterhof des Stiftsbezirks. Und in Lindau führt man sowieso rund ums Jahr Opern auf – in etwas kleinerem Maßstab und ohne Menschen, aber durchaus beeindruckende. In der bayerischen Bodenseestadt befindet sich nämlich die einzige Marionettenoper Deutschlands.

Viele Bodenseemuseen zählen zur internationalen Spitzenklasse, so das Zeppelin Museum in Friedrichshafen, das Kunsthaus und das Vorarlberg Museum in Bregenz, das Forum Würth in Rorschach oder das Pfahlbaumuseum in Unteruhldingen. Das gehört sogar zum Weltkulturerbe, ebenso wie das Stiftviertel in St. Gallen oder die Klosterinsel Reichenau. Genau genommen sind seit 2014 auch Bodman, Litzelstetten, Sipplingen, Hornstaad und Konstanz Weltkulturerbeorte. Damals hat die UNESCO 111 Fundstellen von Pfahlbauten im Alpenraum als »World Heritage Site« gelistet – unter anderem auch die am Bodensee. Von historischer Bedeutung sind all die Pfahlbaufundorte allemal, für den Touristen gibt es aber nur in Unteruhldingen Spannendes zu sehen.

## FREIE FAHRT DURCH DREI LÄNDER

Bregenz, St. Gallen, Konstanz, Friedrichshafen und Lindau – eine Rundfahrt um den Bodensee führt durch drei Länder, den Pass braucht man auf seiner Reise normalerweise nicht zu zeigen. Zwischen den EU-Ländern Deutschland und Österreich wird sowieso nicht kontrolliert, aber auch beim Grenzübertritt Richtung Schweiz kann der Ausweis im Regelfall in der Brieftasche bleiben. Aus drei Ländern ist eine Region geworden. Das ist gut fürs Zusammenleben der Menschen, aber auch für den Tourismus. Der Grenzübertritt hält nicht mehr auf, schnell mal beim Nachbarn essen gehen oder einkaufen ist tagtägliche Normalität.

Offiziell vermarktet sich der Bodensee inzwischen sogar als Vier-Länder-Region. Wo das vierte Land herkommt? Gemeint ist das kleine Liechtenstein, das aber fast 50 Kilometer vom See entfernt liegt. Ein bisschen wirkt das wie die Idee von cleveren Werbestrategen, die nach einem Alleinstellungsmerkmal suchten und das mit dem Slogan »Ein See, vier Länder« gefunden haben. Auch wenn es schwerfällt, den Zwergstaat inmitten hoher Berggipfel als Bodenseeanrainer zu begreifen, bleibt Liechtenstein – mit oder ohne Vier-Länder-am-See-Label – ein lohnendes Ausflugsziel, das man von Bregenz aus leicht erreicht.

## FISCH, KÄSSPÄTZLE UND WEIN

Schöne Landschaften, großartige Kulturevents und gutes Wetter – was zählt das alles, wenn die Reise dem Gaumen nicht gefällt? Dass aus diesem Bereich keine Beschwerden kommen, dafür sorgen die Bodenseeköche und -winzer. Fangfrische Felchen mit einem Glas süffigem Müller-Thurgau, da wird sich so schnell niemand beklagen. Kässpätzle mit Vorarlberger Käse und dazu ein herzhaftes Bier, auch das klingt nicht schlecht. Hausmannskost und Sterneküche, Cafés am Wasser, Restaurants am Berg …, das Angebot ist breit gefächert. Und nicht erst, seitdem es auch andernorts modern ist, verwendet man vorzugsweise Zutaten aus der Region.

Lange hat es gedauert, aber inzwischen gehört der Bodensee zu meinen Lieblingsreisezielen in Deutschland. Und das, obwohl die Anreise dorthin jetzt nicht mehr eineinhalb, sondern sieben Stunden dauert.

### DIE AUTOREN

Rasso Knoller, geboren in Augsburg, lebt in Berlin. Der Reisejournalist hat viele Bücher verfasst und arbeitet für überregionale Tageszeitungen und Magazine. Er betreibt das Internetreisemagazin www.weltreisejournal.de und gehört, wie seine Co-Autorin, dem Journalistennetzwerk »Die Reisejournalisten« an.

Susanne Kilimann wurde in Braunschweig geboren. Zum Studium zog es sie nach Hamburg und Florenz. Seit dem Mauerfall lebt sie in Berlin. Als Reisejournalistin ist sie vor allem in Deutschland und Italien unterwegs und berichtet darüber in Magazinen, im Hörfunk und in Reiseführern.

# MERIAN TopTen

*Diese Höhepunkte sollten Sie sich bei Ihrem Besuch auf keinen Fall entgehen lassen: Ob barocke Wallfahrtskirche, blühende Insel oder steinzeitliche Behausungen – MERIAN präsentiert Ihnen hier die wichtigsten Sehenswürdigkeiten des Bodensees.*

## Altstadt Lindau

Sie gehört zu den schönsten am See, besticht mit prachtvollen Bürgerhäusern und mediterranem Flair (▶ S. 65).

## Zeppelinmuseum Friedrichshafen

Der Zeppelin ist ein Kind des Bodensees. In Friedrichshafen zeichnet man seine Geschichte nach (▶ S. 80).

## Pfahlbaumuseum Unteruhldingen

Tauchen Sie ein in das Leben in der Stein- und Bronzezeit. Das Pfahlbaumuseum hat zu Recht Weltkulturerbestatus (▶ S. 93).

## Wallfahrtskirche Birnau

Auf barocke Pracht im Überfluss trifft man in der von Peter Thumb erbauten Kirche. Sie steht wie auf einem Balkon hoch über dem Bodensee (▶ S. 95).

## Insel Mainau

Die Blumeninsel lässt ihre Besucher in Farben und Düften schwelgen. Schön ist sie auch im Winter, wenn Mammutbäume Raureif tragen (▶ S. 110).

## Klosterinsel Reichenau

Die Insel ist ein Kleinod mit großem Erbe: Die romanischen Kirchen der einstigen Benediktinerabtei tragen das UNESCO-Label (▶ S. 54, 113).

### ⭐ Halbinsel Höri

Sie war Hermann Hesses Traum und Künstler-Zufluchtsort während des Zweiten Weltkriegs – heute ist die Halbinsel ein Paradies für Radfahrer und Naturliebhaber (▶ S. 47, 105, 123).

### ⭐8 Forum Würth, Rorschach

Ein neues Juwel am Kunsthimmel: Das Rorschacher Museum mit Bodensee-blick zeigt Meisterwerke der modernen Malerei ab dem Ende des 19. Jh. (▶ S. 17, 130, 136).

### ⭐9 St. Gallen

Die Stadt im Hinterland besticht mit mittelalterlichem Altstadtflair. Der Stiftsbezirk mit der weltberühmten Stiftsbibliothek gehört zum UNESCO-Welterbe (▶ S. 130, 136).

### ⭐10 Pfänder

Der Bregenzer Hausberg Pfänder ist der schönste »Balkon« am See. Nirgendwo sonst kann man das Gewässer in Längsrichtung so gut überblicken wie auf seinem Gipfel (▶ S. 48, 149).

# MERIAN Momente
## Das kleine Glück auf Reisen

*Oft sind es die kleinen Momente auf einer Reise, die am stärksten in Erinnerung bleiben – Momente, in denen Sie die leisen, feinen Seiten der Region kennenlernen. Hier geben wir Ihnen Tipps für kleine Auszeiten und neue Einblicke.*

### 1 Baden und Träumen am Malereck ⚓ F4

Den Namen »Malereck« hat die Bucht in Langenargen nicht von ungefähr. Viele Künstler haben den Blick hinüber auf die Schweizer und Österreicher Alpen schon auf Leinwand gebannt. Machen Sie es ihnen doch ruhig nach und bringen Sie Ihr eigenes Meisterwerk mit nach Hause – zur Not ganz einfach mit der Digitalkamera. Übrigens: Baden kann man an dem öffentlichen Strand am Malereck obendrein.
Langenargen

### 2 Angeln und Grillen in schönster Natur ⚓ F3

Zwischen dem Eriskircher Freibad und dem Eriskircher Ried finden Angler ihr Glück – kommt man nicht gerade in der Haupt-Ferien saison, ist dies ein stilles Plätzchen, wo man dem meditativen Hobby nachgehen kann. Wenn Sie erfolgreich waren, dürfen Sie den Fisch auf dem ausgewiesenen Grillplatz auch gleich über dem Feuer braten, denn besser als selbst geangelt kann Fisch eigentlich gar nicht schmecken.
Eriskirch | www.bodensee-angeln.de

###  Nachts auf der Fähre  ⚓ E3

Die Fähre zwischen Meersburg und Konstanz verkehrt die ganze Nacht. Unternehmen Sie doch mal eine kleine Kreuzfahrt unter dem Sternenhimmel – gerade einmal 15 Minuten braucht das Schiff für eine Überfahrt. Nach einem Bummel an der Hafenpromenade von Meersburg oder Konstanz fahren Sie wieder zurück auf die andere Bodenseeseite. Ein berauschendes Gefühl ist es auch, den Sonnenaufgang auf dem Wasser zu erleben und mit weitem Blick über See und Ufer den ersten Kaffee – serviert an der kleinen Schiffsbar – des Tages zu genießen.

Meersburg bzw. Konstanz | Fahrpläne unter www.stadtwerke.konstanz.de

### 4 Picknick mit Birnaublick  ⚓ D/E3

Die »Birnau« ist eine der schönsten Barockkirchen Deutschlands. Und doch kann ihr prunkvoller Innenraum kaum mit dem mithalten, was vor der Tür geboten wird. Vom Vorhof der Kirche schweift der Blick hinab auf den See und hinüber zur Bergkette der Alpen. Am schönsten ist der Blick am späten Nachmittag, wenn die unter-

gehende Sonne den See in warmes Licht taucht.

Vom Weinberg vor der Kirche kann man zwar Reben naschen, die aber schmecken am besten gekeltert. Packen Sie deswegen lieber Wein und andere Leckereien in den Korb, dann können Sie auf einer der Wiesen neben der Kirche zum Picknick »with a view« einladen.

Wallfahrtskirche Birnau | Uhldingen-Mühlhofen | direkt an der B 31 zwischen Überlingen und Meersburg

### 5 Streifzug durch die Niederburg  ⚓ D3

In den verwinkelten Gassen hinter dem Münsterplatz entfaltet die Metropole Konstanz besonderen Charme. Die vielen kleinen Mittelalterhäuser sind tolle Fotomotive.

Wenn Sie Lust haben, noch tiefer einzutauchen in diesen ältesten Teil der bezaubernden Studentenstadt, öffnen Sie doch mal die schwere Holztür des alten Dominikanerinnenklosters in der Brückengasse 15, mehrmals täglich halten die Nonnen hier Gottesdienst, in der übrigen Zeit steht die kleine Kirche Besuchern offen.

Konstanz | Altstadt

## 6 Mit dem Fahrrad über den Damm
**D3**

Der pappelgesäumte schmale Damm, der die Insel Reichenau mit dem Festland verbindet, ist Teil der Deutschen Alleenstraße – und eine der schönsten Fahrstrecken am See. Nicht ohne Grund haben die Macher der Krimiserie »Tatort« ihre Kommissarin hier manches Mal auf Dienstfahrt geschickt.

Toll ist die knapp 2 km lange Strecke auch für Radler – beglückend, wenn man sie an einem Sonntagmorgen in der Vor- oder Nachsaison so ziemlich für sich alleine hat.

Inseldamm Reichenau

## 7 Mit dem Kanu um die Insel
**D3**

Ganz entspannt kann man die Insel Reichenau mit dem Kanu oder auch mit dem Tretboot umrunden. Wer hier gemächlich übers Wasser gleitet, trifft auf Enten und etliche andere Wasservögel.

Paddeln Sie in Ufernähe, dann bieten sich in kurzen Abständen Plätze, um an Land zu gehen, eine Pause zu machen oder um jenseits des Strandbadtrubels ein Bad im See zu nehmen.

z. B. Kanuverleih Baumann | Allensbach | www.schifffahrtbaumann.de | Dauer komplette Umrundung ca. 4 Std.

## 8 Tai Chi am See
**D3**

Urlaub am Bodensee sorgt ohnehin für Entspannung. Wem das nicht genügt, der kann sich in Allensbach mit Gleichgesinnten zum Tai Chi und Qi Gong treffen und den Körper mit sanften Bewegungen und Super-Seeblick auf Harmonie-Kurs bringen. In den Sommermonaten gibt es zweimal wöchentlich professionelle Anleitung für einen entspannten Tagesausklang, eine Anmeldung ist nicht nötig.

Der See ist aber zum Glück den ganzen Tag und rund um das Jahr da – Tai Chi, Qi Gong oder Yoga mit Bodenseeblick kann man somit auch allein und jederzeit machen,

Allensbach | Seegarten beim Kneipp-Becken | professionelle Anleitung Juni–Aug. Di, Fr, 19 Uhr, genaue Termine sind im Kultur- und Verkehrsbüro zu erfragen | kostenlos

## 9 Unter Obstbäumen träumen
**C2**

70 alte Obstsorten mit wohlklingenden Namen wie »Wilde Eierbirne«, »Rote Sternrenette« oder »Langstielerin« sind im Sortengarten am oberen Ortsrand von Möggingen versammelt. Angelegt wurde der Garten als Schulprojekt, mit dem Ziel, Einheimische und Gäste mit den alten Obstsorten bekannt zu machen und eine nicht mehr genutzte Streuobstwiese zu erhalten.

Wenn das Obst reif ist, darf jeder probieren – aufsammeln und naschen ist ausdrücklich erlaubt. Ein herrliches

Fleckchen ist der Garten aber auch sonst, z. B. im Frühling. Breiten Sie eine Decke unter den blühenden Bäumen aus, und während die Bienchen fleißig sind, können Sie in den Blütenhimmel schauen und träumen.

Radolfzell-Möggingen | www.radolfzell. de/sortengarten | Treppenaufstieg vom Rathaus aus | Fußweg ca. 5 Min.

### 🔟 Pause im Klostergarten 🔖 A3

Schaffhausen ist ein geschäftiges Städtchen und gerade im Sommer besonders schön. Aber manchmal braucht man einfach eine kleine Verschnaufpause, um herunterzukommen und sich vom Sightseeing und Shopping zu erholen.

Ein wunderbarer Ort dafür ist der schöne Klostergarten, der liegt mitten im Zentrum und scheint hinter den Mauern der einstigen Benediktinerabtei doch weit von allem entrückt zu sein. Sein Kreuzgang spendet Schatten und strahlt eine Atmosphäre der Ruhe aus. Setzten Sie sich auf eine der Bänke bei den Beeten und lassen Sie sich den Duft der Heilpflanzen und Gewürzkräuter in die Nase steigen.

Schaffhausen | Münsterplatz, Eingang zum Klostergarten gleich neben dem Eingang zum Münster

### 1️⃣1️⃣ Musik in der Scheune 🔖 G2

Am Rande der Ravensburger Altstadt steht die Zehntscheuer – ein alter Speicher, in dem einst der »Zehnt« gelagert wurde, der Teil der Ernte, den die Ravensburger dem Landesherrn abtreten mussten.

Das schöne Gebäude sollte schon abgerissen werden, doch 1974 wurde es unter Denkmalschutz gestellt. Engagierte Bürger gründeten einen Verein, restaurierten den alemannischen Fachwerkbau und machten eine Kleinkunstbühne draus: Irish Folk, moderne Schweizer Volksmusik, Jazz – hier ist eigentlich immer etwas los. Schauen Sie doch mal ins Programm, vielleicht haben Sie ja Lust, in die Ravensburger Szene einzutauchen.

Ravensburg | Grüner-Turm-Str. 30 | www.zehntscheuer-ravensburg.de

# NEU ENTDECKT
## Worüber man spricht

*Jede Region verändert sich – auch wenn vieles beim Alten bleibt.
Durch neu eröffnete Museen, Hotels oder Restaurants gewinnen
Orte und manchmal ganze Landstriche weiter an Attraktivität.
Ebenso lässt sich die Region mit neuen Freizeitangeboten
vielfältiger erleben und vielleicht sogar mit anderen Augen sehen.
Hier erfahren Sie alles über die jüngsten Entwicklungen.*

◄ Ein riesiger Spezial-Nagel? Nein, ein Exponat im Forum Würth (► S. 17) in Rorschach.

## SEHENSWERTES

### Kampf um Europa  C 2/3

Das jüngste Werk von Bildhauer Peter Lenk wurde im Sommer 2013 an der Fassade eines Neubaukomplexes am Rande der Altstadt von Radolfzell enthüllt. Es rechnet mit der aktuellen Europapolitik ab und zeigt symbolisch, wie Politiker und Wirtschaftsleute die gefesselte Europa ausplündern. Erkennbar sind Angela Merkel, der damalige Kanzlerkandidat Per Steinbrück und Fußballmanager Uli Hoeneß.

Radolfzell | Sankt-Johannis-Straße | Informationsbroschüre 2,50 €, erhältlich bei der Tourist Information

## MUSEEN UND GALERIEN

### 8 Forum Würth  F 5

Handwerker kennen ihn, Kunstliebhaber sollten ihn kennen. Reinhold Würth, der Mann, dessen Name für Schrauben und Nägel steht, ist auch Kunstmäzen. An jedem Standort seiner Betriebe eröffnet er eine Kunsthalle, so 2013 auch in Rorschach. Alle paar Jahre wandern die Bilder Würths – zu neuen Themenausstellungen kombiniert – von einem Standort zum nächsten. So kann man die Picassos, Kirchners und Lichtensteins aus seiner Sammlung in immer neuen Städten sehen.

Das Museumsrestaurant ist gleichzeitig Kantine für die Mitarbeiter und bietet einen famosen Blick auf den Bodensee.

Rorschach | Churerstr. 10 | April–Sept. Di–So 10–18, Okt.–März tgl. 11–17 Uhr, So um 11 Uhr kostenlose Führung | Eintritt frei

### Kunstmuseum Singen  B/C 2

Museumsleiter Christoph Bauer und sein Team haben von der Schließung eines Schlecker-Drogeriemarktes profitiert. Da der Raum als Verkaufsfläche nicht mehr benötigt wurde, hat ihnen die Stadtverwaltung mehr Platz für die Kunst spendiert – seit Kurzem können Wechselausstellungen als auch Bestände auf 1000 qm gezeigt werden.

Zu den Sammlungen des Hauses gehören Werke der »Höri-Künstler«, jener Maler, zu denen auch Otto Dix gehörte, die in der Nazizeit verpönt waren und die sich in die Abgeschiedenheit der Halbinsel Höri zurückgezogen hatten. Außerdem hat sich das Museum auf nach 1945 entstandene Kunst aus Südwestdeutschland und auf Zeitgenössisches aus der deutschschweizerischen Grenzregion spezialisiert.

Singen | Ekkehardstr. 10 | www.kunstmuseum-singen.de | Di–Fr 14–18, Sa, So 11–17 Uhr | Eintritt 5 €, erm. 3 €, Kinder bis 6 J. frei

### MAC Museum Art & Cars  B/C 2

Unterhalb der Festungsruine Hohentwiel findet sich mit dem MAC Museum ein Beispiel für mutige zeitge-

nössische Architektur. Auch das neue Gebäude wirkt wie eine Festung, wie eine ganz moderne aus Beton allerdings. Drinnen lassen sich seltene Oldtimer bestaunen und in wechselnden Ausstellungen Kunstwerke betrachten, die alle einen Bezug zum Thema Auto haben. Dennoch: Das Museum ist nicht nur für Autofreaks interessant!

Singen | Parkstr. 1 | www.museum-art-cars.com | Mi–Fr 14–18, Sa 13–18, So 11–18 Uhr | Eintritt 7 €, Kinder 4 €

### Museum Haus Dix    🐚 C3

Das ehemalige Wohnhaus der Familie Dix, in dem Otto Dix bis zu seinem Tod 1969 lebte und das lange vom Verfall bedroht war, kann seit 2013 als Museum besucht werden. Teilweise fanden auch Originalmöbel wieder ihren Weg zurück in das Haus.

Gaienhofen, OT Hemmenhofen | Otto-Dix-Weg 6 | Mitte März–Okt. Di–So 11–18 Uhr | Eintritt 5 €, Kinder 2 €

### Vorarlberg Museum 👫  ▶ S. 145, b/c 2

Das alte Bregenzer Landesmuseum wurde 2012 abgerissen und durch ein sowohl architektonisch als auch inhaltlich äußerst ansprechendes Nachfolgeprojekt ersetzt. Von außen wirkt das Gebäude wie ein großer weißer Würfel, dessen Oberfläche mit einer Art Blindenschrift versehen ist – gestaltet wurde die Struktur mithilfe der gewölbten Böden von Einwegplastikflaschen. Lediglich auf der Seeseite hat das Gebäude eine historisierende Front, die von einem üppig dimensionierten Panoramafenster beherrscht wird. Im Inneren werden Sammlungen zur Kulturgeschichte der Vorarlberger Region präsentiert. Dabei interessieren sich

die Bregenzer Museumsmacher nicht nur für den Alltag vergangener Jahrhunderte. Auch Objekte, die in den 1960er- und 1970er-Jahren zum Alltag gehörten – z. B. Küchengeräte, Foto-

apparate, Schnapsgläser und Schallplatten –, stehen in den Vitrinen. Im sehr gelungenen Ausstellungsbereich »Sein & Mein« können sich Besucher an Hörstationen von Frauen und Männern aus Bregenz und dem Umland erzählen lassen, welche kleineren und größeren Ereignisse bedeutsam für ihr Leben gewesen sind. Große Geschichte wird so auf eine berührend persönliche Ebene heruntergebrochen. Die ansprechende Ausstellung »Römer oder so« richtet sich an Kinder verschiedener Altersstufen.

Bregenz | Kornmarktplatz 1 | www.vorarlbergmuseum.at | Di–So 10–18, Do bis 21 Uhr | Eintritt 9 €, bis 18 J. frei

## ÜBERNACHTEN

### Hotel 47°    ▶ Klappe hinten, a 1

**Neu und cool** – Das neu eröffnete Haus liegt etwas außerhalb der Altstadt von Konstanz am Ufer des Seerheins. Es empfiehlt sich mit angenehm modernem Design, bodentiefen Fenstern, stimmigem Beleuchtungskonzept und dem tollen Blick über das Wasser und auf die Altstadt, der sich einem schon während des richtig guten Frühstücks bietet.

Konstanz | Reichenaustr. 17 | Tel. 0 75 31 12 74 90 | www.47grad.de | 99 Zimmer | €€€

## EINKAUFEN
### Verkauferei ▶ S. 145, c 2

In der Verkauferei können seit Herbst 2014 Designer, Künstler und Kreative wochenweise Verkaufsflächen mieten – angefangen von einzelnen Kleiderhaken bis hin zu Regalen und Verkaufstischen. Der Kunde erfreut sich an einem bunten Sortiment von Einmaligem – manchmal Kunst, manchmal Kitsch, manchmal nützlich und manchmal höchst überflüssig, auf jeden Fall aber immer spannend.

Bregenz | Deuringstr. 7 | www.verkauferei.at | Di–Fr 10–12, 14–18, Sa 10–13 Uhr

## AKTIVITÄTEN
### Bodenseetherme Konstanz 🏃
▶ Klappe hinten, östl. c 2

Perfekte Lage am See, eine beeindruckende, im Oktober 2014 erweiterte Saunalandschaft mit drei unterschiedlichen Ruheräumen und Becken mit reinstem Mineral-Thermalwasser.

Das Thermen-Restaurant »Seelig« bietet weit mehr als lediglich eine Stärkung nach einem Badetag.

🕐 Machen Sie doch tagsüber Ihre Ausflüge und gehen erst abends in die Therme – nach 20 Uhr wird es dort deutlich billiger.

Konstanz | Zur Therme 2 (Eingabe fürs Navi: Wilhelm-von-Scholz-Weg 2) | www.bodensee-therme-konstanz.de | tgl. 9–22 Uhr, Sauna ab 10 Uhr | Tageskarte 11,50 €, Kinder 8,50 €, Sauna ab 18,50 €

🚩 Weitere Neuentdeckungen sind durch dieses Symbol gekennzeichnet.

Mit 300 qm Innen- und 400 qm Außenbecken, bestückt mit Massagedüsen aller Art, wartet die Bodenseetherme Konstanz (▶ S. 19) auf Wasserratten und Wellness-Begeisterte.

An vielen Orten am See starten Ausflugsschiffe zu einer Rundtour auf dem Wasser.

# DEN BODENSEE
# ERLEBEN

# ÜBERNACHTEN

*Der Bodensee gehört zu den beliebtesten Ferienregionen im deutschsprachigen Raum. Das Tourismusjahr ist allerdings zweigeteilt – während man im Sommer in Seenähe kaum ein freies Zimmer bekommt, haben selbst Kurzentschlossene in der Nachsaison große Auswahl.*

18,7 Mio. Gäste kommen Jahr für Jahr in die Bodenseeregion, Tendenz steigend. Mehr als 7,2 Mio. davon verbringen ihren Urlaub auf der deutschen Seite des Sees. Wenn man bedenkt, dass jeder Gast im Schnitt zwischen zwei und drei Tage vor Ort bleibt, kommt man auf über 30 Mio. Übernachtungen pro Jahr. Eine riesige Zahl, und doch findet jeder Gast das passende Bett. Die Auswahl an Übernachtungsbetrieben ist ebenso riesig wie der Bedarf: Ferienwohnungen, Ferienhäuser, Hotels, Pensionen, Gasthöfe, Privatzimmer, Jugendherbergen und Campingplätze – sogar im Heuhotel kann man schlafen.

Wer in der **Hauptsaison** an den Bodensee reist und in einem bestimmten Ort bzw. einem bestimmten Hotel übernachten will, muss trotzdem vorausplanen und vorausbuchen. In den beliebten Ferienorten hängen dann nämlich meist die »Zimmer belegt«-Schilder vor den Hotels. Im Hinter-

◀ Das Lindauer Hotel Adara (▶ S. 24) befindet
sich in einem denkmalgeschützten Gebäude.

land, also überall dort, wo man den See nicht mehr im Blick hat, findet
man dagegen auch in der Hochsaison ein Bett.

Während der **Festspielsaison** von Ende Juli bis Ende August ist in Bregenz
und Umgebung alles ausgebucht, selbst im benachbarten Lindau sind
dann die Zimmer in der Regel vergeben. Und wer doch eines bekommt,
zahlt den doppelten oder gar dreifachen Preis. »Normale« Bodensee-
urlauber sollten deswegen in dieser Zeit besser auf andere Ferienorte
ausweichen.

## MESSESTADT UND ÜBERNACHTUNGSGEHEIMTIPP

Friedrichshafen ist Messestadt – normalerweise reichen dort die
2500 Betten für alle Gäste leicht aus. Mehr noch: Da Tourismus hier nicht
die überragende Rolle spielt, wie es in anderen Bodenseeregionen der Fall
ist, kann man in der messefreien Zeit das eine oder andere Übernach-
tungsschnäppchen machen. Wirklich voll wird es in der Stadt dagegen,
wenn die Messen Outdoor (Mitte Juli) und Eurobike (letzte August-
woche) stattfinden.

Bodenseebesucher, die aufs Budget achten müssen, werden sich vermutlich ein Hotel auf der deutschen oder der österreichischen Seite suchen –
die Schweizer Hoteliers leiden gegenwärtig unter dem starken Franken,
der ihr Land so teuer macht. Ein Doppelzimmer kann man in der Schweiz
gegenwärtig selbst in einem Drei-Sterne-Quartier nur schwer zu Preisen
unter umgerechnet 250 € bekommen.

## GÜNSTIG IM WINTER

Traditionell ist der Bodensee ein Sommerreiseziel. In der **Nebensaison**
wird das Angebot für Touristen stark heruntergefahren. Viele Restaurants, Cafés und Museen haben ganz geschlossen oder eingeschränkte
Öffnungszeiten. Auch einige Hotels sind nur in der Hochsaison geöffnet.
Daniel Diehl vom baden-württembergischen Hotel- und Gaststätten-
verband sagt: »Es hat Tradition am Bodensee, dass man im Winter zu-
macht.« Das eingeschränkte Angebot führt dazu, dass viele Touristen den
Bodensee als Winterreiseziel gar nicht in Betracht ziehen.

Das aber ist schade, denn auch im Herbst und im Winter haben See und
Umgebung einiges zu bieten. Etwa die magische Stimmung, wenn die
Sonne durch die Herbstnebel bricht, die alpine Bergwelt in der Winter-

sonne glitzert oder wenn die Obstbäume das Hinterland im Frühling in ein Blütenmeer verwandeln. Gutes Essen und guten Wein gibt es auch in der Nebensaison. Außerdem hat man dann auch keine Probleme bei der Parkplatzsuche, und die Ringstraße um den See ist staufrei. Und: Wer sich für einen Urlaub zwischen November und März – ausgenommen die Weihnachtsferien – entscheidet, darf mit deutlichen Preisabschlägen von 20 Prozent und mehr bei der Übernachtung rechnen.

Über die Unterkünfte in den einzelnen Orten informiert jeweils der örtliche Tourismusverband, über den man in der Regel auch buchen kann. Auf folgenden Seiten findet man im Internet Gastgeberverzeichnisse: www.bodensee-gastgeber.de; www.gastgeberverzeichnis-bodensee.com; www.ferienwohnungen-bodensee.de

## BESONDERE EMPFEHLUNGEN

### Adara ▶ S. 67, c 1

**Extravagant** – Angesagter Neuzugang in der Lindauer Hotellandschaft. Das historische Gebäude in der Altstadt wurde vor wenigen Jahren grundsaniert, die projektleitende Architektin verliebte sich in das Objekt, kaufte es und baute es zu einem Boutique-Hotel mit ebenso behaglich wie originell ausgestatteten Zimmern um. Lindau | Alter Schulplatz 1 | Tel. 0 83 82 94 35 00 | www.adara-lindau.de | 16 Zimmer | 🐕 | €€€

### ArtVilla am See 🖉 C 2/3

**Viel Kunst** – Exklusives kleines Hotel mit großem Garten und dem See direkt vor der Tür. Ruhige Lage auf der Halbinsel Mettnau. Nomen est omen: Kunst findet sich sowohl in den Innenräumen als auch im Garten. Ausgezeichnetes Frühstück, freundlicher Service. Im hauseigenen Weinkeller findet man einige interessante Tropfen. Radolfzell | Rebsteig 2/2 | Tel. 07 73 29 44 40 | www.artvilla.de | 11 Zimmer | 🐕 | €€€

### Hotel Restaurant Bürgerbräu 🖉 D 2

**Exzellente Küche** – Außen Fachwerk, innen gehobener Landhausstil. Freundlicher Service und viel gelobtes Frühstück. Kostenloser Parkplatz am Hotel. Die Küche überzeugt durch Qualität. Allerdings muss man hier auch etwas tiefer in die Tasche greifen. Überlingen | Aufkircher Str. 20 | Tel. 07 55 19 27 40 | www.buergerbraeu-ueberlingen.com | Restaurant Mi–So | 12 Zimmer | 🐕 | €€

### Hotel Sternen 🖉 E 3

**Gut und günstig** – Das familiengeführte Drei-Sterne-Haus liegt 3 km vom See entfernt, bietet freundlichen Service und kleine Annehmlichkeiten wie kostenfreies WLAN sowie ausreichend Parkplätze. Der Restaurantkoch versteht sein Fach und bringt Gutbürgerliches auf den Tisch. Achtung bei der Buchung: Neben extrem geschmackvoll renovierten Zimmern werden auch noch Zimmer angeboten, die den Charme der 80er versprühen. Beachtet man das, ist das Haus die perfekte Wahl für preisbewusste Reisende.

Uhldingen-Mühlhofen | Daisendorfer-str. 4–8 | Tel. 07 55 69 30 20 | www.sternen-muehlhofen.de | 50 Zimmer | ♿ | 🐕 | €–€€

## Park Hotel Sonnenhof  🚩 südl. F 6

**Hotel mit Sterne-Restaurant** – Oberhalb von Vaduz liegt das Hotel in Bestlage mit freiem Blick auf Burg Liechtenstein. Die Zimmer sind allesamt mit moderner Geradlinigkeit eingerichtete Unikate. Von den Sonnenliegen im großen Garten blickt man hinab aufs Vaduzer Tal. Im Hotelrestaurant leuchtet ein Michelin-Stern, mit zwei Hauben hat der Gault Millau Hubertus Real ausgezeichnet – Hotelbesitzer und Chefkoch in einer Person.

Vaduz (FL) | Mareestr. 29 | Tel. +42 32 39 02 02 | www.sonnenhof.li | 29 Zimmer | €€€€

## Schwedi  🚩 F 4

**Wellness am See** – Kleines, privat geführtes Wellnesshotel in unmittelbarer Seelage. Wem der Bodensee zu kalt ist, dem steht als Alternative ein Pool zur Verfügung oder er wärmt sich in der Sauna auf. Das Restaurant wird nicht nur von den Hotelgästen gelobt. Nicht ganz zeitgemäß ist einzig, dass für den Internetzugang eine zusätzliche Gebühr erhoben wird.

Langenargen | Alter Schulplatz 1 | Tel. 0 75 43 93 49 50 | www.hotel-schwedi.de | 30 Zimmer | €€€

Weitere empfehlenswerte Adressen finden Sie im Kapitel DEN BODENSEE ERKUNDEN.

Preise für ein Doppelzimmer mit Frühstück: (günstigstes Zimmer in der Hochsaison)

| | |
|---|---|
| €€€€ ab 200 € | €€€ ab 150 € |
| €€ ab 100 € | € bis 100 € |

Im großzügigen Garten des Vaduzer Park Hotel Sonnenhof (▶ S. 25) fühlt man sich dank tollem Ambiente und Komfort fast wie der Fürst von Liechtenstein persönlich.

# ESSEN UND TRINKEN

*Deftige Mehlspeisen, fangfrischer Fisch, zartes Wild und knackiges Gemüse – die Bodenseeregion ist ein Schlemmerparadies, das man in zahlreichen Gourmettempeln, aber auch in rustikalen Landgasthöfen kennenlernen kann.*

Drei Länder grenzen an den Bodensee, und das spiegelt sich auch kulinarisch wider. Hier treffen badische und bayerisch-schwäbische, österreichische und Schweizer Küche aufeinander. Bei den einen gibt es **Dinnete**, die badische Variante des Flammkuchens, hauchdünn und knusprig, die Österreicher schwören auf Knödel und Strudel, bei den Schweizern ist man auf edle Schokolade und speziell in St. Gallen auf eine besonders delikate Bratwurst stolz. Ansonsten aber überwiegen die kulinarischen Gemeinsamkeiten, und da können die Seeanrainer aus dem Vollen schöpfen. Vor der Haustüre lässt das milde Klima Obst und Gemüse bestens gedeihen. Apfelstrudel oder Zwetschgenkuchen sollte sich hier keiner entgehen lassen, der ein Faible für süße Speisen hat. **Spätzle** bzw. **Kässpätzle** mit dem geschmolzenen Reibekäse sind auch nicht wegzudenken aus der regionalen Küche, es gibt sie hüben wie drüben am See –

◄ Typisch Bodenseeküche: leckerer
Saibling in der Gourmetvariante.

wenn auch die Vorarlberger behaupten, dass die Mehlspeise bei ihnen dank des würzigen Käses aus dem Bregenzerwald am besten schmeckt. Die Wälder im Umland des Sees liefern Zutaten vor allem für die winterliche Küche: Feines vom Hirsch oder Reh steht in der kühleren Jahreshälfte auf fast jeder Speisekarte.

## FRISCHER FISCH SPIELT DIE KULINARISCHE HAUPTROLLE

Dreh- und Angelpunkt der Bodenseeküche aber ist fangfrischer Fisch: Seeforelle, Hecht, Saibling und Aal gehören zu den wichtigsten Arten für die Fischer der Region. Ebenso der **Felchen**, anderswo in Deutschland besser als Maräne bekannt. Und natürlich der Barsch, den man hier **Kretzer** nennt – für viele Bodenseeköche der Edelfisch schlechthin. Auf der Schweizer Seite des Sees findet sich oftmals **Egli** auf der Karte, auch hinter diesem Namen verbirgt sich der Bodenseebarsch, dessen zarte Filets gern mit jungem Gemüse, knackigem Salat und Kartoffeln aus den sandigen Böden bei Duchtlingen auf den Tisch gebracht werden.

Ursprünglich waren übrigens längst nicht alle Arten, die den Fischern heute zwischen Lindau und Konstanz in die Netze gehen, im Bodensee beheimatet. Aber schon im Mittelalter setzten die Menschen Karpfen ins Schwäbische Meer, irgendwann sind auch Blaubandbärbling, Dreistachliger Stichling, Zwergwels, Stör und andere Fische aus Teichen über die Bodensee-Zuflüsse in den großen See gewandert.

## BIER UND WEIN IN GROSSER AUSWAHL

Die vielen Klöster der Region haben schon vor Jahrhunderten Braukunst und Weinbau an den See gebracht. Der Brautradition fühlen sich heute noch zahlreiche kleine Brauereien verpflichtet, und was könnte im Sommer besser zu einem Vesper in einem der zahlreichen Gartenlokale passen, als ein frisch gezapftes Helles, gut gekühlt? Dass die Mönche von St. Gallen schon im 9. Jh. heimischen Wein getrunken haben, belegen historische Quellen. Mit einer Gesamtfläche von rund 400 ha zählt die Bodenseeregion heute aber zu den kleinen Weinanbaugebieten in Deutschland. Dass die Oberfläche des Sees wie ein gigantischer Spiegel wirkt, Sonnenlicht reflektiert und dessen Intensität steigert, kommt natürlich auch den Trauben zugute und macht Weinbau am See selbst in einer Höhe von über 500 m über dem Meeresspiegel möglich.

Das Staatsweingut Meersburg gehört mit 63 ha Anbaufläche zu den Großen in der kleinen Anbauregion. Hier setzt man vor allem auf den **Müller-Thurgau**, eine weiße Rebsorte, die Hermann Müller, ein Schweizer Rebforscher aus dem Kanton Thurgau, anno 1882 gezüchtet hat. Allerdings wurden die Müller-Thurgau-Trauben in der zweiten Hälfte des 20. Jh. mehr und mehr für nichtssagende Massenweine missbraucht. In und um Meersburg zeigen Winzer, dass sich aus dem Traubenkreuzungsprodukt Weine von wunderbarer Klarheit keltern lassen, die Liebhaber trockener, feinsäuerlicher Weißweine mit ihrem Duft nach zartem Gras und frischen Äpfeln erfreuen. Klar und frisch sind die Müller-Thurgaus vom Olgaberg, einer Lage am Vulkankegel Hohentwiel bei Singen, die ebenfalls zum Staatsweingut gehört. In Meersburg und in den Nachbarorten machen sich aber auch Dutzende kleinere Winzer um hochwertige Bodenseeweine verdient. Spitzenweine und ebensolche Küche bieten Hauben- und Stern-dekorierte Gourmettempel rund um den See.

## EINFACH, LECKER UND GEMÜTLICH

Aber man muss keine Unsummen ausgeben, um richtig gut zu essen. In vielen rustikalen Gasthäusern setzen Köche auf beste Saisonzutaten und lassen ihre Gäste in schattigen Gärten oder urgemütlichen Gaststuben im siebten Schlemmerhimmel schweben. Für eine deftige Brotzeit mit Wein und Most sind die urigen **Rädlewirtschaften**, die man vor allem am östlichen Bodenseeufer findet, die besten Adressen. Eine Übersicht gibt es unter www.ferientipps-bodensee.de/besenwirtschaften.html

**BESONDERE EMPFEHLUNGEN**

**Hege Strand 3** 🚻     🏄 G 4
**Entspannen in der Sonne** – Wer einen Platz auf der großen Sonnenterrasse keine 10 m vom Wasser entfernt ergattert hat, wird diesen nicht so schnell wieder verlassen, denn egal ob Kässpätzle, fantasievoller Salat oder leckerer Kuchen – in dieser entspannten Atmosphäre schmeckt alles gleich nochmal so gut.
Wasserburg | Mooslachenstr. 3 | Tel. 08 38 22 74 98 85 | www.hegestrand3. de | Mo–Sa 10–24, So und feiertags 9–11.30 Uhr (Frühstücksbuffet) | €€

**Höhengasthaus Haldenhof** 🏄 D 2
**Schöne Aussicht** – Die Lage könnte nicht besser sein: Mitten im herrlichen Wandergebiet oberhalb des Überlinger Sees bietet sich der Haldenhof als gemütliches Ausflugsziel mit traditioneller Küche, Sonnenterrasse und schattigem Biergarten an. Ganz gleich, ob Ihnen der Sinn nach Wild, Fisch oder hausgemachtem Kuchen steht: Hier sind Sie richtig!
Überlingen | Haldenhofweg 51 | Tel. 0 77 73 56 13 | www.gasthaus-haldenhof. de | Di–So ab 9 Uhr, warme Küche 11.30–14, 17–21 Uhr | €€

Neben dem edlen Ambiente und der erstklassigen Küche kann das Hotelrestaurant Villino (▶ S. 30) auch noch mit der Auszeichnung »Gault Millau Oberkellnerin des Jahres« auftrumpfen.

## Papageno ▶ Klappe hinten, b 5

**Extravagant** – Eine Kombination lokaler und internationaler Küche mit allerfeinsten Zutaten, das ist das Rezept, mit dem Chef Johann Kraxner in der Küche des Papageno zu Werke geht. Den Michelin-Testern gefällt es – 2014 zeichneten die das Lokal mit einem Stern aus.

Erfreulich ist das gute Preis-Leistungs-Verhältnis, mittags gibt es Menüs für unter 30 €.

Konstanz | Hüetlinstr. 8a | Tel. 0 75 31 36 86 60 | www.restaurant-papageno.net | Mi–So 12–14, 18–22 Uhr | €€–€€€€

## Restaurant Meersalz ◗◖ G 4

**Mediterrane Eleganz** – In der Gourmetküche wird mit frischen Saisonprodukten experimentiert, was dabei rauskommt, kann man im Frühling zum Beispiel in Form von Ricotta-Bärlauch-Nocken oder Rotbarbe in Tempura-Teig genießen. Das Ambiente ist ebenso fein – das Restaurant gehört zu einer stilvollen Villa, die auch als Boutique-Hotel Friesinger firmiert. Reservierung empfohlen.

Kressbronn | Bahnhofstr. 5 | Tel. 07 54 39 39 87 87 | www.boutique-hotel-friesinger.de | Mi–So ab 15 Uhr | €€€

### Restaurant Ophelia

▶ Klappe hinten, östl. c 2

**Gourmettempel mit Doppelstern** – Das Ophelia in Konstanz gehört zu Deutschlands Spitzenrestaurants, Küchenchef Dirk Hohberg wurde für seine Kreativität am Herd mit zwei Michelin-Sternen geadelt und verwöhnt seine Gäste nach allen Regeln der Kunst. Den Seeblick gibt's gratis.

Konstanz | Seestr. 25 | Tel. 0 75 31 36 30 90 | www.hotel-riva.de | Do–Mo, So ab 12, sonst ab 19 Uhr | €€€€

### Strandcafé Mettnau

C 2/3

**Romantische Aussicht** – Im südlichen Teil der Halbinsel Mettnau hat das Café-Restaurant die beste Lage, die sich ein Restaurant nur wünschen kann. Die Terrasse schwebt quasi über dem See und bietet den schönsten Blick auf die Liebesinsel, die im Heimatfilm der 1950er-Jahre als Romantik-Kulisse zu Ehren kam. Bis heute hat sie nichts von ihrer Schönheit eingebüßt. An einem Sommersonntagnachmittag ist es nicht leicht, einen Platz auf der Terrasse zu erobern – Kuchen und Kaffee, Aperitif oder etwas feines Deftiges schmecken hier aber gleich nochmal so gut! Wenn es draußen zu kühl sein sollte, haben Sie auch drinnen, hinter den Panoramascheiben, einen tollen Blick auf die winzige Insel.

Radolfzell | Strandbadstr. 102 | Tel. 0 77 32 16 50 | www.strandcafe-mettnau.de | tgl. ab 9, Nov.–März ab 11 Uhr | €–€€

### Traube am See

▶ S. 79, westl. a 1

**Schwabe trifft Fernost** – Die Traube bietet ihren Gästen typisch schwäbische Spezialitäten, aber auch eine Vielzahl von Gerichten mit mediterraner oder asiatischer Note. Versuchen Sie doch mal die Bouillabaisse mit Bodenseefisch. Vegetariern und Veganern hat die Küche ebenfalls einiges zu bieten.

Friedrichshafen-Fischbach | Meersburger Str. 11 | Tel. 0 75 41 47 41 | www. traubeamsee.de | tgl. ab 11.45 Uhr, warme Küche 11.45–14, 18–21.45 Uhr | €€€

### Villino

▶ S. 67, nördl. a 1

**Ausgezeichnet** – In edlem Ambiente kommt hier Leichtes, Raffiniertes, Mediterranes, Fernöstliches und Regionales auf den Tisch. Seit 2014 schmückt die Küche von Reiner Fischer auch ein Michelin-Stern. Wer mag, kann sich in Kochkursen in die Geheimnisse von Fischers sinnlicher Küche einweihen lassen oder bei Weinrunden mit Sommelier Rainer Hörmann die Bestände des Weinkellers erkunden. Unbedingt reservieren!

Lindau | Hoyerberg 34 | Tel. 08 38 29 34 50 | www.villino.de | Jan.–März Di–Sa, April–Dez. tgl. ab 18 Uhr | €€€€

### Zum Raichlebeck

▶ S. 67, c 2

**Bodenständige Schwabenküche** – Spätzle und Maultaschen in allerlei Variationen traditionell zubereitet, regionale Weine, Gerstensaft frisch vom Fass und Allgäuer Weizenbiere – hier setzt man aufs Wesentliche und macht, was man macht, richtig gut.

Lindau | Lingsstr. 14 | Tel. 08 38 22 87 59 | zum-raichlebeck.jimdo.com | Mi–So 12.30–14, abends ab 18 Uhr | €

Weitere empfehlenswerte Adressen finden Sie im Kapitel DEN BODENSEE ERKUNDEN.
Preise für ein dreigängiges Menü:

| €€€€ ab 55 € | €€€ ab 40 € |
|---|---|
| €€ ab 25 € | € bis 25 € |

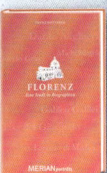

# Erlesene Ziele

Auf den Spuren berühmter
Persönlichkeiten

# MERIAN
## Die Lust am Reisen

# Grüner reisen
## Urlaub nachhaltig genießen

*Wer zu Hause umweltbewusst lebt, möchte vielleicht auch im Urlaub Menschen unterstützen, denen ein verantwortungsvoller Umgang mit der Natur am Herzen liegt. Empfehlenswerte Projekte, mit denen Sie sich und der Umwelt einen Gefallen tun können, finden Sie hier.*

Rote Listen, bedrohte Arten – Negativ-Meldungen in Sachen Umwelt hört und liest man zuhauf. Gut, dass es hin und wieder auch Entwicklungen zum Besseren gibt. Der Bodensee ist so ein Beispiel. Durch konsequenten Umweltschutz ist aus der Kloake der 1960er- und 1970er-Jahre in den vergangenen Jahrzehnten ein glasklarer See mit Trinkwasserqualität geworden. Vor allem am Untersee finden sich Naturschutzgebiete, die Vögeln Nahrung und Lebensraum geben.

Für viele Menschen, die in dieser Gegend leben und Geld verdienen, ist ein sorgsamer Umgang mit der Natur und den Ressourcen heute wichtig und selbstverständlich. Da gibt es die jungen Winzer, die auf Bio-Weine setzen, Obstbauern, die mit ihren Streuobstwiesen einen wichtigen Beitrag zum Erhalt der Artenvielfalt leisten, Gastronomen, Bäcker und Feinkostproduzenten, die bei Bauern in der Region einkaufen und auf weit gereiste Lebensmittel verzichten. Zugegeben, die Fülle der exquisiten Regionalprodukte macht den Verzicht auf Exotisches auch ziemlich leicht. Regionale Produkte und Biowaren aus dem Bodenseeraum kann man auf Wochenmärkten kaufen und in den kleinen Hofläden direkt beim Erzeuger. Winzer, Bauern und Architekten zeigen, dass man beim Bauen neue und grünere Wege gehen kann. Der Baustoff Holz spielt heute wieder öfter eine Rolle, wenn man sich schicke Verkaufsräume oder behagliche Unterkünfte für Gäste errichten lässt. Auf der unabhängigen, von begeisterten Bioanhängern organisierten Internetseite www.biobodensee.net finden Sie ein gutes Verzeichnis von Bio-Restaurants, -Hotels und vielseitigen weiteren Bioanbietern in der gesamten Bodenseeregion.

Ein gutes Bahn- und Busnetz, die Fährschiffe und die perfekte Fahrradinfrastruktur machen es leicht, öfter mal auf das Auto zu verzichten und auf die umweltschonenderen Alternativen umzusteigen. Am Bodensee mach »grüner reisen« einfach besonders Spaß!

## SEHENSWERTES

### LifeCycle Tower ▮ G 5

Der 27 m hohe, achtstöckige LifeCycle Tower in Dornbirn ist im engeren Sinne keine Sehenswürdigkeit, trotzdem aber etwas ganz Besonderes. Noch nie wurde ein so großes Gebäude im Wesentlichen aus Holz errichtet. Unmittelbar neben dem Tower kann man im LifeCycle Hub eine Ausstellung rund um nachhaltiges Bauen besuchen.

Dornbirn | Rhomberg's Fabrik | Färbergasse 15

## ÜBERNACHTEN

### Burgunderhof ▮ E 3

Hoch über dem Dorf inmitten von Weinbergen und mit Blick über den Bodensee liegt das Biohotel. Im Hotelrestaurant kredenzt man ökologische Weine und Schnäpse aus eigener Herstellung. Im Hof steht eine kleine Sehenswürdigkeit: die Statue des Pfarrers Heinrich Hansjakob vom bekannten Bildhauer Peter Lenk.

Der Burgunderhof ist ein Erwachsenenhotel mit einem Mindestalter für Gäste von 16 Jahren. Late-Check-in nach 18 Uhr nur gegen erheblichen Aufpreis.

Hagnau | Am Sonnenbühl 70 | Tel. 07 53 28 07 68 55 | www.burgunderhof. de | 16 Zimmer | €€€€

## EINKAUFEN

### Seeschleckerle ▮ D 2

Ingun und Sebastian Maier stehen hinter dem Seeschleckerle. Die beiden stellen Leckereien nach Omas Rezept und ohne chemische Zusätze her. Im Angebot sind selbst gemachte Fruchtaufstriche, Gelees, Chutneys, Liköre und Sirup. Im kleinen Hausladen kann man auch andere Biowaren aus der Region kaufen. Wer sicher gehen will, dass auch jemand zu Hause ist, sollte vorher kurz anrufen.

Überlingen-Deisendorf | Birnauer Gässele 15 | Tel. 07 55 19 58 91 75 | www. seeschleckerle.de

## Sennereiladen Dornbirn 🍃 G 5

Käse aus dem Bregenzer Wald ist etwas ganz besonders Gutes. Der im Herbst 2014 neu eröffnete Sennereiladen im Dornbirner Oberdorf bietet regionalen Käse aus einer Genossenschaftskäserei an. Außerdem kann man, dem Konzept der kurzen Wege verpflichtet, auch andere regionale Produkte wie Honig oder Marmeladen kaufen.

Dornbirn | Schlossgasse 9 | Mo–Fr 8–12, 14–18, Sa 8–12 Uhr

## Überlinger Nudelladen und Nudelmanufaktur 🍃 D 2

Die Nudelmanufaktur ist Produktionsbetrieb und soziales Projekt in einem. Hier produzieren Menschen mit Assistenzbedarf handgemachte Nudeln aus biozertifizierten Rohstoffen. In der gläsernen Fabrik finden ab und an Führungen statt. Kaufen kann man die kreativ benannten Nudeln – so z. B. die »Seewogen« – im Nudelladen.

Überlingen | Christophstr. 15 | www.ueberlinger-nudelmanufaktur.de | Mo, Di, Do, Fr 9.30–18, Mi, Sa 9.30–14 Uhr

## AKTIVITÄTEN

### Domäne Hohentwiel 🚶 🍃 B/C 2

Auf der Domäne Hohentwiel im Landschaftsschutzgebiet bei Singen werden selten gewordene Haustierrassen gehalten. Rund 700 Schafe, darunter eine kleine Herde bayerische Waldschafe, und 30 Ziegen »mähen« hier die Weideflächen. Wer mehr darüber erfahren will, kann sich von Hubertus Both oder seinen Mitarbeitern über die Domäne führen lassen und Interessantes über die Schäferei erfahren.

Im Hofladen werden u. a. Wolle, Schaffelle und Wurst verkauft.

Singen | Hohentwielstr. 6 | Tel. 0 77 31 18 14 06 | Mi 16–18, Sa 11–15 Uhr | einstündige Gruppenführung (nur nach Anmeldung) 60 €

## Kräuterspaziergang 🍃 D 2

Kräuterpädagogin Claudia Rinkenburger nimmt Touristen mit auf einen Kräuterspaziergang, bei dem man neben kultivierten Kräutern vor allem auch Wildkräuter kennenlernt und erfährt, wie man sie in die eigene Küche mit aufnehmen kann.

Überlingen | Stadtgarteneingang neben dem Parkhaus West (Christophstraße) | Info und Anmeldung Tel. 07 77 16 11 58 | www.kräuter-am-bodensee. de | Mai–Sept. Do 16.30–18 Uhr | 24,50 €, Kinder bis 14 J. frei

## Max-Planck-Institut für Ornithologie 🚶 🍃 C 2

Über die Arbeit von Vogelforschern und die spannenden Fragen, denen sie nachgehen – etwa »Welche Kriterien sind in der Vogelwelt entscheidend für die Partnerwahl?« –, kann man sich im Max-Planck-Institut für Ornithologie aufklären lassen. Toll gemacht und auch für Kinder spannend ist der interaktive Medienraum, der über die weltweiten Forschungsprojekte informiert und Besucher medial mit den Zugvögeln mitfliegen lässt.

Möggingen | Schlossallee 2 | Tel. 0 77 32 15 01 45 | Eintritt frei, Führungen nur nach Anmeldung

## Naturschutzgebiet Aachried 🍃 D 2

Zwischen Bodman und Ludwigshafen erstreckt sich das Naturschutzgebiet Aachried. Dort brüten seltene Vögel wie beispielsweise Zwergtaucher, Eisvögel und Nachtigall. Entlang des 4 km langen Uferwegs, der die beiden Ortsteile miteinander verbindet, stehen Aussichtsplattformen, die einen guten Blick über das Aachried ermöglichen. Ein Fernglas sollte man allerdings dennoch dabeihaben.

Ludwigshafen

### Naturschutzgebiet Mettnau  🏳 C 2/3

Auf den Riedflächen der Halbinsel Mettnau brüten zahlreiche Wasservögel, und auch Zugvögel machen in diesem Naturschutzgebiet Rast. Der Naturschutzbund NABU veranstaltet Führungen durch das Areal, bei denen man Teichrohrsänger & Co beobachten kann, ohne sie zu stören. Termine werden auf der Website bekannt gegeben.

NABU Mettnau | Radolfzell | Göttinger Str. 9 | www.nabu-mettnau.de

### Solarfähre  🏳 D 3

Mit der Kraft der Sonne über den Bodensee fährt man mit der Solarfähre »Sole Mio« vom schweizerischen Kreuzlingen zum Konstanzer Hafen oder mit der Solarfähre »Reichenau« von Mannbach zur Weltkulturerbeinsel Reichenau. Die Fahrzeiten sind abhängig von der Saison und der Wetterlage.

Solarfähre Sole Mio | www.sole-mio.info
Solarfähre Reichenau | www.solar faehre-reichenau.de

### Wasserführung  🏳 D 2

Der Bodensee ist das Trinkwasserreservoir für 4 Mio. Menschen. Doch wie wird aus dem Seewasser Trinkwasser? Diese und andere Fragen beantwortet eine eineinhalbstündige Führung durch die Aufbereitungsanlagen auf dem Sipplinger Berg.

Überlingen-Bonndorf | Treffpunkt Werktor Sipplinger Berg | Tel. 07 55 19 49 93 70 | www.zvbwv.de | Mai–Mitte Okt. Mi 15.30 Uhr | Anmeldung zwingend erforderlich, Personalausweis muss zum Einlass vorgelegt werden

Mit der Solarfähre »Reichenau« ( ▶ S. 35) kann man gemütlich, angenehm leise und ökologisch absolut verträglich über den See schippern – frohe Fische und entspannte Fahrgäste garantiert.

# Im Fokus
## Zu sauber für den Fisch

*In den 1970er-Jahren war der Bodensee so stark verschmutzt, dass er zu sterben drohte. Heute hat man hingegen ein ganz anderes Problem. Der See ist zu sauber – zumindest nach Ansicht der Fischer, deren Netze immer leichter werden.*

»Im Alter von drei Jahren bin ich das erste Mal ins Wasser gefallen, und mein Vater hat mich an der Kapuze rausgezogen«, das antwortet Heike Winder lächelnd auf die Frage, seit wann sie als Fischerin arbeitet. Die Mitvierzigerin ist in den väterlichen Betrieb hineingewachsen und fährt seit frühester Jugend zum Fischfang auf den Bodensee hinaus. Doch anders als in Winders Jugend sind die Netze heute oft leer, wenn sie die Fischerin am frühen Morgen aus dem Wasser zieht. Grund dafür ist ironischerweise, dass der Bodensee immer sauberer wird. Seit alle Anrainergemeinden Kläranlagen gebaut haben, sinkt der Phosphatgehalt im See. »Die Fische finden keine Nährstoffe mehr«, beklagt Winder und erzählt, dass die planktonfressenden Felchen früher nur das Maul aufsperren mussten, um satt zu werden. »Früher haben wir im Sommer viel und im Winter wenig gefangen, heute fangen wir im Sommer wenig und im Winter nichts«. Von den einst 175 Fischern, die am Bodensee ihrem Broterwerb nachgingen, ist gerade einmal die Hälfte geblieben – und nur ein

◄ Eine waschechte »Fischerin vom Bodensee«: Heike Winder aus Hagnau.

Einziger von ihnen ist Vollzeitfischer. »Vom Fischen zu leben können Sie vergessen«, sagt Winder. Sie selbst vermietet nebenher Ferienwohnungen. Manche ihrer Kollegen betreiben ein Fischgeschäft. Allerdings müssten die dann Fisch zukaufen – Fisch aus China, Kanada und Norwegen.

## FISCHER BRAUCHEN EINEN NEBENERWERB

Einige Fischer nehmen zur Aufbesserung der Kasse auch zahlende Touristen mit hinaus auf den See. Heike Winder macht das nicht, das sei ihr »versicherungstechnisch zu aufwendig« und außerdem könne man sich mit Gästen an Bord nicht auf den Fischfang konzentrieren. Außerdem liebe sie die Stille draußen auf dem See. Bei Pensionsgästen, die bei ihr wohnen, macht sie aber schon mal eine Ausnahme.

Eine Lösung für die Probleme der Fischer sieht Heike Winder nicht. Politisch sei es eben nicht opportun, die Kläranlagen so laufen zu lassen, dass das Abwasser nicht völlig gereinigt wird. Das wäre nicht vermittelbar, denn 5 Mio. Menschen beziehen ihr Trinkwasser aus dem Bodensee, und außerdem ist ein glasklarer See ein gutes Werbeargument für die Tourismusbranche.

## AUS DRECKBRÜHE WURDE TRINKWASSER

Sofort stellt die Fischerin klar, dass weder sie noch einer ihrer Kollegen wieder einen verschmutzten Bodensee haben wollen. So wie damals, in den 70er-Jahren, als der Phosphatgehalt 84 Mikrogramm pro Liter betrug – heute sind es sechs. Damals leiteten die Gemeinden ihre Abwässer ungeklärt in den See, und der Regen schwemmte den Phosphatdünger, den die Landwirte auf ihren Feldern ausbrachten, hinein. Die Algen blühten, die Fische hatten genügend zu fressen, Schnecken krochen überall aus dem Wasser. Die Sauerstoffkonzentration des Sees war drastisch gesunken, der Bodensee kurz davor umzukippen. Heike Winder erzählt, wie sie und ihre Schwester als Kinder das modrige Wasser in Kübeln aus dem See geschöpft hätten und das dann – samt den darin schwimmenden Schnecken – den Pensionsgästen hingestellt und als besonders gesundes Fußbad angepriesen hätten. Sie schmunzelt bei der Erinnerung daran, dass einige auch wirklich die Füße hineingesteckt hätten.

Nein, diese Zeiten wünscht sich auch Heike Winder nicht zurück. Aber ein paar mehr Nährstoffe würden dem Fischwachstum schon guttun.

»Vor zehn oder fünfzehn Jahren, da war es optimal«, sagt sie. Damals, als der Phosphatgehalt des Wassers doppelt so hoch war wie heute. Die Badegäste würden den Unterschied gar nicht merken, sagt die Fischerin, denn auch dann sei das Wasser immer noch klar. Die Umweltschützer geben dagegen zu bedenken, dass der Bodensee schon immer ein sehr nährstoffarmer See war, und der Naturschutzbund Deutschland, NABU, macht deutlich, dass man den Bodensee nicht wieder künstlich verschmutzen könne, nur um die Erträge zu steigern. In der Tat scheint diese Vorstellung fast absurd.

## VOR DEM SONNENAUFGANG HINAUS

Es ist Mitte Januar, und Heike Winder ist mit dem Boot unterwegs. Es schneit leicht, Nebelschwaden ziehen über den See. Die Felchensaison hat eben begonnen. Der Hauptfangfisch am Bodensee lebt weit draußen im tiefen Gewässer, und da dauert allein die Anfahrt zu den Fanggründen über eine Stunde. Jetzt sind die Fischer, so oft es geht und es das Gesetz zulässt, draußen auf dem See. Um den Fischbestand zu schonen, darf man nämlich nicht öfter als an vier Tagen in der Woche die Netze auslegen. »Das wird streng kontrolliert«, sagt Winder und erzählt, dass man manchmal sogar mehrmals täglich kontrolliert werde.

Jetzt am Nachmittag fährt sie hinaus, um die Netze auszuwerfen. Am Morgen darauf macht sie sich noch im Dunkeln auf den Weg, um sie wieder einzuholen. Eine Stunde vor Sonnenaufgang dürfen die Fischer mit ihrem Tagwerk beginnen, so will es die Vorschrift. Und weil jeder der Erste sein will, der den Fang ins Boot holt, beginnt der Arbeitstag eines Fischers mitten in der Nacht. »Sinn macht das eigentlich nicht«, lacht Winder. Den Fischen sei es egal, ob sie eine Stunde früher oder später im Boot landeten. Irgendwie aber gelte der als der beste Fischer, der als Erster seinen Fang anlande.

## FELCHEN AUS FERNEN LÄNDERN

Früher mag das noch Sinn gemacht haben, als mehr Fische gefangen als nachgefragt wurden, da mussten die letzten Fischer, die im Hafen ankamen, besonders billig verkaufen. Heutzutage aber haben die Bodenseefischer ein ganz anderes Problem. »Wenn ich nur zehn Fische fange, kann ich keine 20 verkaufen«, sagt Winder. Als Erstes beliefert sie ihre Stammkunden aus der Gastronomie, den Rest verkauft sie selbst – fangfrisch oder frisch geräuchert in einem über 100 Jahre alten Ofen, den schon ihr Großvater verwendet hat.

Wenn ein Fischer ein Schild raushängt, auf dem er frische Felchen anbietet, muss er meist keine fünf Minuten warten, bis die Leute bei ihm Schlange stehen. Weil der See zu wenig davon hergibt, kaufen die Gastwirte oft Fisch zu, der aus ganz anderen Weltgegenden kommt. Deswegen rät Winder, beim Restaurantbesuch die Speisekarte genau zu lesen. Steht nur Felchen auf der Karte, bedeutet das noch lange nicht, dass der Fisch auch im Bodensee gefangen wurde. Nur wenn Bodenseefelchen draufsteht, kommt garantiert Bodenseefisch auf den Teller.

## SELTEN GEWORDENER RAUBFISCH

Wer Zander bestellt, der kann sogar fast sicher sein, dass dieser nicht aus heimischen Gewässern ist. Ein Bodenseefischer fängt vielleicht zwei, drei oder vier Exemplare des delikaten Raubfischs im Jahr – und die wandern dann in die eigene Pfanne.

Trotz aller Schwierigkeiten – ans Aufgeben denkt Winder nicht. »Ich wollte nie etwas anderes machen«, sagt sie und blickt gedankenverloren über den nebelverhangenen See. »Wer einmal Fischer ist, der bleibt das für immer.« Als sie das erzählt, tuckert gerade ein anderer Fischer mit seinem Boot vorbei. Sie winkt ihm zu und sagt: »Das ist mein Schwiegervater. Der ist 87.«

### MIT DEM FISCHER UNTERWEGS

**Restaurant Seegarten** ⚓ D 3
Der Fischer Rolf Meier aus dem schweizerischen Ermatingen nimmt in der Zeit zwischen April und Oktober zahlende Gäste mit hinaus zum Fischfang. Der Preis von 100 CHF beinhaltet auch ein reichhaltiges Frühstück nach der Rückkehr.
Ermatingen | Untere Seestr. 39 | Tel. +41 71 6 60 06 21 | www.seegarten-ermatingen.ch

**Haus Seeforelle** ⚓ E 3
Fischerin Heike Winder fährt mit ihren Hausgästen auf Anfrage hinaus auf den See.
Hagnau | Seestr. 3 | Tel. 0 75 32 63 54 | www.haus-seeforelle.de

**Hotel-Gasthof Zur Kapelle** ⚓ G 4
Das Hotel in einem denkmalgeschützten Gebäude bietet für seine Übernachtungsgäste Pauschalpakete an, die auch eine Ausfahrt mit dem Fischer beinhalten.
Nonnenhorn | Kapellenplatz 3 | Tel. 0 83 82 82 74 | www.witzigmann-kapelle.de

**Hotel Gasthaus Hirschen** ⚓ C 3
Das Hotel auf der Höri bietet für seine Hausgäste auf Anfrage solche Touren in Zusammenarbeit mit dem Fischer Martin Dietrich aus Öhningen an.
Gaienhofen-Horn | Kirchgasse 3 | Tel. 0 77 35 9 33 80 | www.hotelhirschen-bodensee.de

# EINKAUFEN

*Vor allem, wenn es um Kulinarisches geht, ist die Bodenseeregion ein Einkaufsparadies. Frisches Obst nascht man am besten vor Ort, Wein, Obstbrände und Apfelsaft kann man auch in den Kofferraum packen und daheim genießen.*

In der klimatisch begünstigten Bodenseeregion gedeihen Aprikosen, Äpfel, Kirschen und Zwetschgen besonders gut, und was gäbe es Schöneres, als die sonnengereiften Früchte direkt beim Erzeuger oder auf einem der bunten Wochenmärkte in die Tüte packen zu lassen. Märkte vor pittoresker Altstadtidylle findet man in vielen Orten am Bodensee. Bregenz aber tut sich mit einer besonderen Fülle hervor. Ausschließlich das, was Bauern der näheren Umgebung von den Feldern, aus den Gärten und von den Bäumen holen, gibt es auf dem **Bregenzer Bauernmarkt**, der rund ums Jahr immer freitags in der Kaiserstraße abgehalten wird.
Der würzige Käse aus der Milch der Almkühe schmeckt auch zu Hause. Marktverkäufer und Feinkosthändler können die Ware vakuumverschweißen, sodass sie ein paar Reisetage durchaus überstehen. Das süße Obst vom Bodensee lässt sich natürlich auch in flüssiger Form konsumie-

◄ Drei Generationen kümmern sich auf dem Weingut Aufricht (► S. 43) um den edlen Rebensaft.

ren: Apfelsaft von den Streuobstwiesenäpfeln ist köstlich, und wer mit
dem Auto unterwegs ist, tut gut daran, einen Saftkanister in den Kofferraum zu packen. Wer es hochprozentig mag, kann aus Marillen oder
anderen Früchten destillierte Brände kaufen, und sogar Whisky »made
am Bodensee« ist inzwischen ein hochgeschätztes Regionalprodukt.

## WEIN VOM SONNIGEN BODENSEE

Weinliebhaber werden sich die Gelegenheit nicht nehmen lassen, die
Erzeugnisse der Bodenseewinzer kennenzulernen. Das können sie rund
um den See. Sehr hoch ist die Weingüter-Dichte in und um Meersburg.
Riesling, Weißburgunder und vor allem Müller-Thurgau gehören zu den
bekanntesten Weinen der Region. Daneben wird Blauburgunder, auch
Pinot Noir genannt, zu einem samtig-weichen Rotwein ausgebaut. Aber
auch aus weniger bekannten Reben wie Solaris und Johanniter entstehen in den Kellern am See interessante Weine. Zu den renommiertesten
Adressen gehört das Weingut von Robert und Manfred **Aufricht** in
Meersburg. Die jungen Bodensee-Winzer wollen die Kundschaft nicht
nur mit modernen Qualitätsprodukten beeindrucken. Manche von ihnen
haben alte Scheunen in schicke, lichtdurchflutete Vinotheken verwandeln lassen, wo man die weißen und roten Schätze des Kellers mit Blick
auf die Weinberge verkosten kann.

## EDLES AUS DEM OUTLET

Auf die Herstellung feiner Leinenstoffe hat man sich in der Bodenseeregion schon vor Jahrhunderten spezialisiert, um 1900 war St. Gallen
weltbekannt für die exquisiten Erzeugnisse seiner Textilindustrie. Auch
heute empfiehlt sich die Stadt im Hinterland des Bodensees noch mit
edlen Modekreationen des Labels **Akris** bei gut und besser betuchten
Kundinnen in aller Welt. Vor Ort kann man in den Boutiquen oder bud-
getschonend im Outlet stöbern. Hochwertige Bekleidung für Body und
Beine stellt **Wolford** in Bregenz her – auch hier bringt ein Outlet Schnäpp-
chenjägerinnen in Kauflaune.
Zu den weltbekannten Exportartikeln der Schweiz gehören Schweizer
Uhren, feine Milchschokolade und das Universaltaschenmesser mit der
Schweizer Flagge. Auch die Umhängetaschen des Labels **Freitag** – gefer-
tigt aus Vintage-Lkw-Planen – werden seit den 1990er-Jahren als Schwei-

zer Kultobjekte gehandelt. Wer so ein schönes und strapazierfähiges Stück mit nach Hause nehmen möchte, wird ebenfalls in St. Gallens Altstadtgassen fündig. Die Schweizer kommen derzeit übrigens zum Großeinkauf gern in die deutschen Orte am See – vor allem nach Konstanz. Die Ladenbesitzer freuen sich über das enorme Zusatzgeschäft. Den Konstanzern ist der Rummel in ihren Kaufhäusern aber schon zu viel. Am Samstag, wenn sich lange Schweizer Schlangen vor den Kassen bilden, meiden viele Einheimische die Innenstadt.

## BESONDERE EMPFEHLUNGEN
KULINARISCHES

### Käseschmiede Moser ◗ D 2

Über 50 Käsesorten, größtenteils in Bioqualität, bietet Regina Moser in ihrer Käseschmiede an. In Seminaren erfährt man mehr über Herstellung und richtige Lagerung von Käse. Unter der Woche wird auch ein Mittagstisch mit kleinen Speisen angeboten.
Überlingen | Lindenstr. 13 | www.kaeseschmiede.com | Mo–Fr 10–18, Sa 9–14 Uhr

### Lanz.Wein ◗ G 4

Bioweine bringt der junge Winzer Benjamin Lanz in Nonnenhorn in die Flaschen. Johanniter und Solaris, das sind die noch wenig bekannten, pilzwiderstandsfähigen Rebsorten, aus denen er seine weißen Bioweine keltert. Ein Erlebnis für den Gaumen ist sein Cabertin, ein Roter, der sich im Vergleich mit anderen, meist leichten Rotweinen vom Bodensee als charaktervolles Kraftpaket empfiehlt.
Kein Schnäppchen – höchstens für finanzkräftige Schweizer –, doch großes Trinkvergnügen. Weinproben und Einkäufe im Laden sind jederzeit möglich – entweder einfach an der Haustüre klingeln oder vorab vereinbaren.

Nonnenhorn | Sonnenbichlstr. 8 | Tel. 0 83 82 88 85 79 | www.lanzwein.de |

### Staatsweingut Meersburg ▶ S. 91, c 3

Weinproben, Weinseminare und Weinwanderungen – das Weingut bietet reichlich Gelegenheit, eine Menge über Weinkultur am Bodensee in Erfahrung zu bringen. Einfach nur reinschauen, verkosten und kaufen kann man aber selbstverständlich auch.
Meersburg | Seminarstr. 6 | www.staatsweingut-meersburg.de | Mo–Fr 9–18, April–Okt. auch So 11–18 Uhr

### Steinhauser ◗ G 4

Für alles, was mit Alkohol zu tun hat, ist Martin Steinhauser Experte. In seinem großen Laden am Rande von Kressbronn kann man alles kaufen, was an Weinen und Schnäpsen in der Region erzeugt wird. Steinhausers Edelbrände sind überregional bekannt. Er brennt selbst Whisky, und der von ihm hergestellte Gin wurde 2014 zum besten weltweit gekürt. Wer an seinen Whiskyseminaren teilnehmen will, muss früh dran sein – sie sind in der Regel Monate im Voraus ausgebucht.
Kressbronn | Raiffeisenstr. 23 | www.weinkellerei-steinhauser.de | Mo–Fr 10–12, 14–18, Sa 8.30–12.30 Uhr

## Weingut Aufricht ▶ S. 91, südöstl. c 3

Schon der Weg zu dem Weingut mitten durch Reben und mit Blick auf den glitzernden Bodensee bezaubert – die angebotenen Weine können das allerdings genauso gut. Burgundersorten aller Art spielen die Hauptrolle, und auch die Obst- und Weinbrände sollte man sich nicht entgehen lassen.

Stetten bei Meersburg | Höhenweg 8 | www.aufricht.de | Mo–Sa 10–12, 14–18 Uhr

## MODE

### Akris ▶ S. 139, a 3

Das Schweizer Modelabel zählt Michelle Obama zu seinen Kunden. Bis zu 70 Prozent billiger bekommt man die luxuriösen Kreationen im Outlet.

St. Galllen | Felsenstr. 36 | www.akris.ch | Di–Fr 10–18, Sa 10–16 Uhr

## Wolford Factory Outlet
▶ S. 145, westl. a 3

Bregenz ist die Heimat des weltbekannten Strumpf- und Lingerie-Herstellers. Im Outlet gibt es den »Mercedes« unter den Damenstrümpfen und die schicken Teilchen zu rabattierten Preisen.

Bregenz | Wolfordstr. 2 | www.wolford.com | Mo–Fr 9–19.30, Sa 9–17 Uhr

## SOUVENIRS

### Geschenklädeli ▶ S. 139, a/b 2

Die typischen Schweiz-Devotionalien, vom Taschenmesser bis hin zu St. Gallener Spitzen, bekommt man hier samt und sonders unter einem Dach.

St. Gallen | Schmiedgasse 28 | Di, Mi, Fr 10–18.15, Do 10–19, Sa 9–16 Uhr

Weitere Geschäfte und Märkte finden Sie im Kapitel DEN BODENSEE ERKUNDEN.

Äpfel vom Bodensee sind dank ihres hervorragenden Geschmacks äußerst beliebt – so sehr, dass die Obstbauern durch den Apfeldiebstahl größere finanzielle Einbußen erleiden.

# SPORT UND AKTIVITÄTEN

*Ganz egal, ob Sie sich lieber im Wasser, an Land oder in der Luft bewegen – am, im und auf dem Bodensee geht alles, was man sich an Wassersport vorstellen kann, und alles richtig gut.*

Für Menschen, die ein Faible für Outdoor-Aktivitäten haben, kann es kaum eine bessere Spielwiese geben als den Bodensee und sein Umland. Für Wassersportler ist der See ein Dorado sondergleichen. Insgesamt sind fast 60 000 Sportboote in den Bodensee-Yachthäfen registriert. Sobald die richtige Brise aufzieht, setzten die Freizeitkapitäne die Segel und lassen sich vom Spiel mit Wind und Wellen vor der grandiosen Alpenkulisse berauschen. Dutzende Segelschulen bringen Interessierten den sicheren Umgang mit Jolle, Yacht und dem bisweilen tückischen Bodensee bei. Wer mag, kann auch segeln lassen – jede Menge Charteranbieter vermieten Yachten samt Skipper für kurze oder tagelange Törns.
Natürlich können Sie das Bootfahren auch ein paar Nummern kleiner angehen, ein Kanu, Kajak, Tret- oder Ruderboot mieten und die stillen Winkel des Sees erkunden. Surfen geht natürlich auch, außerdem hat sich

◀ Mit glasklarem Wasser lockt der Bodensee
seine Besucher ins kühle Nass.

in den letzten Jahren das Stehpaddeln (Stand-up-Paddling) etabliert. Die Trendsportart findet immer mehr Anhänger in allen Altersgruppen und macht gerade dann viel Spaß, wenn der Wind nicht wehen will.

Radler jedweder Couleur finden am See und im bergigen Hinterland passendes Terrain. Der rund 260 km lange Bodenseeradweg gehört zu den beliebtesten Radwegen Europas und bietet beste Gelegenheit, die drei Anrainer-Länder kennenzulernen. Wanderer können auf der deutschen Seite gemütliche Touren machen oder in der Schweiz und Österreich alpine Gipfel stürmen. Im Hinterland laden Bregenzer Wald und Allgäu sogar zum Fliegen ein. Am Gleitschirm schwebend lässt sich, mit etwas Mut, das Schwäbische Meer aus der Vogelperspektive erleben.

## KÜHLE ERFRISCHUNG FÜR JEDERMANN

Im Mai ist der Bodensee mit durchschnittlich 16 °C noch recht frisch, im Juni steigen die Werte deutlich an, und von Juli bis Anfang September lockt das Gewässer mit Temperaturen von 23 °C und mehr. Seit den 1950er-Jahren, also seitdem die Region mehr und mehr auf den Wirtschaftsfaktor Tourismus setzt, sind Strandbäder wie Pilze aus dem Boden geschossen. Etwa 60 davon gibt es rund um den See. Eintritt muss man nicht unbedingt zahlen, um im Bodensee zu baden. Es gibt bekannte und weniger bekannte Naturbadestellen, von denen ein Großteil von den Gemeinden gepflegt und mit sanitären Anlagen ausgestattet wird. Zu den schönsten öffentlichen Badestränden gehört das Malereck Langenargen mit traumhaftem Blick auf die Schweizer und österreichischen Alpen. Eine Übersicht über die aktuelle Wasserqualität gibt in der Badesaison die Website www.bodenseekreis.de. Ein Verzeichnis aller Bodensee-Strandbäder und anderer Wassersportadressen kann man bei der Deutschen Bodensee Tourismus GmbH anfordern (www.echt-bodensee.de).

## SCHÖNE THERMEN ALS BADE-ALTERNATIVE

Wenn der See zu kalt ist, bieten sich fast allerorten Hallenbäder als Alternative an. Thermen, mit allen Schikanen ausgestattet – von Strömungskanal bis Wasserpilz –, warten in Meersburg, Überlingen und Konstanz auf Gäste. Strandbad und Therme bilden jeweils eine Einheit, sodass man im Sommer Thermalwasserbaden und Wassermassagen im Whirlpool mit einem Sprung in den See verbinden kann.

## BADEN

Ob bestens ausgestattetes Strandbad oder puristischer Naturstrand, rund um den Bodensee gibt es für jeden die geeignete Badestelle.

### Eintrittsfreie Badestellen:
– Naturstrandbad Kressbronn, mit großer Spiel- und Liegewiese und Wasserspielgerät für Kinder. | Bodanstraße
– Naturstrand Uhldingen | Strandpromenade | www.seeferien.com
– Naturstrand Hagnau | Strandbadstraße | www.hagnau.de | ♿ ⚲

## GLEITSCHIRMFLIEGEN

Bregenzer Wald und Allgäu im Hinterland des Bodensees sind tolle Reviere, um »Fliegen« zu lernen. Das einzigartige, vom See beeinflusste Klima ermöglicht an manchen Tagen stundenlanges Thermikfliegen. Gleitschirmkurse und Tandemflüge kann man bei folgenden Anbietern buchen:

### Flugschule Bregenzerwald    H 5
Bezau | Wilbinger 483 | www.gleitschirmschule.at | eintägiger Schnupperkurs 90 €, halbstündiger Thermikflug 135 €

### Paragliding Academy    östl. H 4
Oberstaufen | Konstanzer Str. 60 | www.paragliding-academy.com | zweitägiger Schnupperkurs 159 € (129 € mit Frühbucherrabatt), Tandemflug 159 €

## GOLF
### Golf-Club Lindau-Bad Schachen e.V    ▶ S. 67, nördl. d 1
Mit herrlichem Blick auf den See schlägt man auf dem Rasen des Lindauer Golfclubs ab.

Lindau | Am Schönbühl 5 | www.golflindau.de | Gästekarte 70 €/ Tag, am Wochenende 80 €

### Golfhotel Bodensee    G 4
Inmitten einer anspruchsvollen 18-Loch-Meisterschafts-Golfanlage liegt das schöne Golfhotel Bodensee in Weißenberg.
Weißenberg | Lampertsweiler 51 | www.golfhotel-bodensee.de | €€€

## INLINESKATEN

Wo man gut radeln kann, macht in der Regel auch Inlineskaten Spaß. Der Bodenseeradweg bietet viele geeignete Skater-Strecken. Sehr beliebt sind die 5 km zwischen Meersburg und Hagnau sowie die 7 km lange, flache Piste zwischen Lochau und Lindau. Die Insel Reichenau lässt sich ebenfalls mit Inlinern umrunden, und der Inseldamm mit seiner Allee ist eine besonders schöne Skater-Strecke.

## HOCHSEILGARTEN
### Abenteuerpark Immenstaad    E 3
Von Baumwipfel zu Baumwipfel auf wackeligen Drahtseilbrücken – Kletterparcours für Kinder, Jugendliche und Erwachsene wollen hier bewältigt werden. Der Profi-Parcours mit 30 Stationen und Kletterhöhen von bis zu 15 m sorgt garantiert für Adrenalinschübe.
Immenstaad | Am Klötzener Forst | www.api.abenteuerpark.com | Eintritt 22 €, Kinder bis 15 J. 16 €

## RADFAHREN

Etwa eine Woche sollten Sie einplanen, wenn Sie den Bodensee mit dem Rad umrunden und dabei noch genügend Zeit für Sightseeing und gemütliches

Einkehren haben möchten. Die gut beschilderte Strecke führt über asphaltierte Pisten und Schotterwege, nennenswerte Steigungen sind nicht zu bewältigen. Von April bis Ende Oktober kann man beim Bodensee-Radweg-Service (www.bodensee-radweg.com) Gepäcktransport von Unterkunft zu Unterkunft buchen.

Für Touren durch das hügelige Hinterland, zum Beispiel auf der malerischen Höri ⭐, im Bregenzer Wald oder im Appenzeller Land, braucht es mehr Kondition, dort sind E-Bikes perfekt. Verleihstationen finden sich rund um den See, besonders dicht ist das Netz der E-Bike-Anbieter am Untersee (www.tourismus-untersee.eu). Eine Broschüre mit schönen Touren, Verleih- und Ladestationen können Sie unter www.bodenseeteam.de anfordern.

### Zweirad Joos 🔖 C 2/3

Der größte Fahrradverleiher am Bodensee hat über 300 Leihräder, darunter 50 E-Bikes, im Angebot. Preise ab 9 €/Tag für Tourenräder und 23 €/Tag für Mountainbikes und E-Bikes.
Radolfzell | Schützenstr. 11 | www.zweirad-joos.de

### REITEN

Der Hegau bei Singen ist ein vulkanisch geprägtes Terrain, gespickt mit Burgen, die einst strategische Bedeutung hatten. Wie könnte man diese alte Kulturlandschaft besser kennenlernen als auf dem Pferderücken? Acht Wanderreitstationen bieten sich als Herbergen für Ross und Reiter(-in) an. Die Reitprofis dort organisieren geführte Wanderritte. Informationen unter www.wanderreiten-im-hegau.de.

Wer die berühmte Wallfahrtskirche Birnau (▶ MERIAN TopTen, S. 95) vom See aus per Fahrrad besuchen möchte, braucht für das letzte Stück gute Puste.

Das Klima am Bodensee macht sein Hinterland zum Paradies für Gleitschirmflieger – bei der oft perfekten Thermik bleibt man überdurchschnittlich lange in der Luft.

## WANDERN

Die Bodenseeregion ist ein ideales Ziel für Wanderer, egal ob die es gemütlich angehen lassen möchten oder sportliche Ambitionen haben. Der 260 km lange Bodensee-Rundwanderweg bietet in wechselnden Höhenlagen, mal dicht am Ufer, mal weiter davon entfernt, landschaftlich jede Menge Abwechslung. Die Tour ist in elf Etappen eingeteilt, jede davon eignet sich auch für eine Tageswanderung. Zu den schönsten Abschnitten gehört das Wollmatinger Ried mit seinen schier endlos erscheinenden Schilfflächen. Der mit schwarzem Pfeil um blauem Punkt ausgeschilderte Rundweg lässt sich in beide Richtungen wandern. Höhenprofile und GPS-Daten für die einzelnen Wanderabschnitte finden sich unter www.wanderkompass.de.

Für sanfte Genusswanderungen bieten sich die stillen Wege zwischen Weinbergen und Streuobstwiesen an. Mancherorts führen Obst- oder Weinbauern durch Gärten und Plantagen und vermitteln Wissenswertes rund um Äpfel und Aprikosen, Trauben, Lagen, Lese und Erzeugnisse. Wanderrouten und Kartenmaterial halten alle Tourist Informationen bereit.

Hoch hinaus geht es bei den Seeanrainern Österreich und Schweiz. Der Bregenzer Hausberg **Pfänder** ⭐10, 1064 m hoch, belohnt den Aufstieg mit dem wohl schönsten Blick auf den See. Wer den Aufstieg scheut, kann sich von der Pfänderbahn zum Gipfel bringen lassen und oben eine weniger schweißtreibende Rundwanderung antreten. Im Hinterland von Bregenz trumpft der Bregenzerwald mit einem 2000 km umfassenden Wanderwegenetz auf und bietet Kraxel-Terrain aller Schwierigkeitsgrade. Tourenvorschläge – auch für kulinarische Wanderungen mit Einkehrmöglichkeiten in Berggasthöfen und Alpen – gibt es unter www.vorarlberg.travel.

## Marienschlucht `D2`

Zwischen Bodman und Wallhausen liegt die wildromantische Marienschlucht. Von beiden Orten führt der Uferweg zur Schlucht. Ein direkter Einstieg bietet sich ab Lagenrain. Vom Parkplatz ab führt ein Holztreppenpfad zwischen 30 m hohen Felswänden zum See hinab. Unten wartet eine kleine Badestelle.
Derzeit ist die Marienschlucht leider gesperrt. Bei Redaktionsschluss stand noch nicht fest, wann sie wieder begehbar sein wird. Bitte informieren Sie sich deshalb im Internet.
www.marienschlucht.de

## Wandern am Mindelsee `C/D2`

Der Mindelsee auf der Landzunge Bodanrück bei Radolfzell gilt selbst bei Einheimischen noch als Geheimtipp. In etwa drei Stunden lässt sich das Gewässer im idyllischen Naturschutzgebiet gemütlich umrunden. Als Ausgangspunkt bietet sich der Ort Markelfingen an, wo man das Auto auf dem Parkplatz am Bahnhof abstellen kann. Eine romantische Badestelle findet sich auf halber Strecke, nahe dem Dörfchen Möggingen.

## Wanderung durch Obstplantagen und Weinberge `E3`

Ein 14 km langer Rundwanderweg führt ab Hagnau über Immenstaad auf naturbelassenen Wegen durch eine herrliche Obst- und Weinbaulandschaft. Obwohl es nicht hoch hinaus geht, genießen Sie eine spektakuläre Aussicht auf den See und die Alpen. Am Weg liegen netten Einkehrmöglichkeiten. Die Tour ist auch gut geeignet, wenn Kinder mit von der Partie sind.
Infos unter www.gemeinde-hagnau.de

## Wanderung von Friedrichshafen nach Lindau `F3–G4`

In Ufernähe führt diese Wanderung durch das bezaubernde Naturschutzgebiet Eriskircher Ried, zum Schloss Montfort in Langenargen, weiter am Langenargener Malerwinkel entlang und über Kressbronn, Nonnenhorn und Wasserburg nach Lindau. Für die Rückfahrt bieten Ausflugsschiffe ihre Dienste an.
Infos und weitere Tourenvorschläge unter www.bodensee.travel

## Weinwanderungen `E3`

Fachkundig begleitete Wanderungen durch die Weinberge bietet das Staatsweingut Meersburg an, leider nur einmal pro Monat.
Termine werden auf der Website bekannt gegeben.
Meersburg | Seminarstr. 6 | www.staatsweingut-meersburg.de

## WASSERSPORT

Unter www.echt-bodensee.de kann man eine Broschüre mit allen relevanten Wassersportadressen, Segel-, Surf-, Motorboot- und Tauchschulen, Anbietern von Yachtcharter, Kanu- und Kajak-, Ruder- und Tretbootverleihern bestellen.

KANU, KAJAK UND KANADIER

Mit dem Kanu erreicht man die schönsten und verträumtesten Fleckchen am Ufer. Und noch etwas spricht für diesen Sport: Die gleichmäßige Bewegung auf dem Wasser ist wie Meditation und macht den Kopf frei. Etliche Anbieter rund um den See vermieten die Ausrüstung. Für Anfänger empfiehlt sich ein Kurs an einer der vielen Wassersportschulen.

### La Canoa – Kanu-Zentrum
▶ Klappe hinten, westl. a 1
Größter Anbieter mit 34 Verleihstationen rund um den See.
Konstanz | Robert-Bosch-Str. 4 | www.lacanoa.com

SEGELN

Der Bodensee gehört zu den beliebtesten Segelrevieren Europas. Tückisch sind plötzlich aufziehende Gewitter, starke Winde und Stürme mit ein Grund dafür, dass man einen speziellen Bodensee-Segelschein benötigt. Warnleuchten rund um den See senden orangefarbene Blitzlichter aus, sobald sich eine bedrohliche Wetterlage ankündigt. Aktuelle Informationen zu den Häfen und Termine von Regatten können Segler beim Bodensee-Segler-Verband abfragen (www.bsvb.info).
Wer einen Bodensee-Segelschein besitzt, aber kein eigenes Boot am Ort hat, kann eine Yacht mit oder ohne Skipper chartern. Angebote für Mit-Segler halten die Tourist Informationen aller Hafenorte parat. Von Frühling bis Herbst veranstalten Dutzende Segelschulen Kurse für alle Könnerstufen. Einen Platz in der Hochsaison sollte man sich rechtzeitig reservieren.

### Segelschule Knoblauch
▰ E 3
Bootvermietung und Segelschule.
Uhldingen-Mühlhofen | Forellengang 6 | www.segelschule-knoblauch.de

### Segelschule Yachtcharter Überlingen
▰ D 2
Überlingen | Bahnhofstr. 35 | www.segelschule-ueberlingen.de

### Delfino-Segelschule
▰ F 5
Charter, Segelevents und Kurse.
Staad am Bodensee (CH) | www.delfinos.ch.

### Sporer Yachting
▰ G 4
Hier werden auch Wochenend- und Schnupperkurse angeboten.
Lochau (A) | Alte Fähre im Yachthafen | www.sporer-yachting.com

SURFEN

Zahlreiche Wassersportschulen verleihen Bretter, auf denen man über die Bodenseewellen düsen kann, und vermitteln Technik, Tipps und Tricks, um mit Wind und Wellen den größtmöglichen Spaß zu haben. Zu den Surfspots am deutschen Ufer gehören Allensbach und Radolfzell am Untersee, Hagnau, Immenstaad, Überlingen und Wasserburg. Die Schweizer Seite kann u. a. mit Surfstützpunkten in Romanshorn und Kreuzlingen aufwarten. Eine genaue Beschreibung von Surfrevieren und ihren Windverhältnissen gibt die Website www.spotnetz.de.
Auch die ursprünglich in der Südsee beheimatete Trendsportart Stand-Up Paddling (SUP), bei der man auf dem Brett steht und diesem mit einem Stechpaddel Schwung gibt, ist auf dem

Der See ist ein überaus beliebtes Segelrevier, selbst wenn es eines extra Bodensee-Segelscheins bedarf und »mitgebrachte« Boote eine eigene Bodensee-Zulassung benötigen.

Bodensee angekommen. Mit dem Neoprenanzug macht SUP auch bei nicht so tollem Wetter Spaß. Kurse für Kinder gibt es ebenfalls, Voraussetzung für die Teilnahme ist natürlich, dass die Kids schon sicher schwimmen können.

### Surfschule Bodensee ⚑ D 2
Überlingen | Im Strandbad Ost, Strandweg 32b | www.surfschule bodensee.de | Mai–Sept.

### Surfschule Wasserburg ⚑ G 4
Wasserburg | Reutener Str. 12 | www. surfschule-wasserburg.de

### SUP Venture ⚑ D 2
Bodman-Ludwigshafen | In Neustückern 4 | www.sup-venture.de

### TAUCHEN
Der Bodensee mit seinen geologischen Besonderheiten wartet mit einfachen und aufregenden Tauchrevieren auf. Anfänger und Taucher ohne Revierkenntnisse sollten den See nicht unterschätzen und sich zunächst einmal ortskundigen Tauchlehrern anvertrauen. Kurse kann man bei Tauchschulen in Lindau, Meersburg, Friedrichshafen, Uhldingen und Radolfzell belegen.

# FESTE FEIERN

*Wie es sich für eine Weinregion gehört, wird rund um den Bodensee*
*gern gefeiert. Der Reigen der Feste startet am 6. Januar mit*
*dem Beginn der Fastnacht und endet erst, wenn in der Silvesternacht*
*die letzte Rakete über dem See verglüht.*

Die bekannteste Veranstaltung im Bodenseeraum sind die **Bregenzer Festspiele**. Das Opernfestival am See ist die innerösterreichische Konkurrenz zu Salzburg und kann ebenso wie die Mozartstadt jedes Jahr internationale Stars und Konzertgäste begrüßen. Nicht verwunderlich, spielt der See bei den meisten Festen eine große Rolle – wie bei den Regatten der **Bodenseewoche** in Konstanz oder beim Hafenfest in Uhldingen.

Fast jeder Ort hat sein eigenes **Weinfest**, und mancherorts kommt noch ein Winzerfest dazu. So hat man zweimal im Jahr einen Grund, feuchtfröhlich zu feiern. Besonders empfehlenswert sind die Feste in Meersburg (Juli und Mitte September), Hagnau (Anfang August) und Konstanz (Ende Juli). Ein Verzeichnis aller Weinfeste findet man unter: www.bodenseeferien.de/freizeit/gastronomie-am-bodensee/weinfeste.html

◄ Spektakuläres Bühnenbild und volle Tri-
büne – die Bregenzer Festspiele ( ▶ S. 55).

Eine ganz besondere Rolle im jährlichen Festtagskalender nimmt rund
um den Bodensee die Fastnacht ein. Wobei man dort Wert drauf legt,
dass die **schwäbisch-alemannische Fastnacht** nichts mit dem Karneval
zu tun hat. Die Fastnacht ist rauer, derber und ursprünglicher als der
rheinische Karneval. Finstere und Furcht einflößende Holzlarven – also
Masken – von fratzenschneidenden Hexen, Teufeln oder alten Weibern,
aber auch freundliche Weißnarren mit zahlreichen Schellen am Kostüm,
dem »Narrenhäs«, dominieren die Umzüge.
Lustige Clownnasen sucht man vergebens. Man verkleidet sich auch
nicht jedes Jahr in einem anderen Kostüm oder so wie es einem gerade
gefällt. Jedes Dorf und jede Stadt hat ein bestimmtes Narrenhäs, und
so manche Maske wurde schon von Generation zu Generation weiter-
vererbt. Das Besondere an der schwäbisch-alemannischen Fastnacht hat
inzwischen sogar die UNESCO erkannt, die sie 2014 als immaterielles
Weltkulturerbe anerkannt hat.

## SECHS TAGE BUNTES NARRENTREIBEN

Der offizielle Auftakt der Fastnacht ist, anders als bei den Jecken an Main
und Rhein, nicht der 11. November, sondern der 6. Januar. Die heiße
Phase wird dann mit dem »Schmotzigen Dunschtig«, dem Donnerstag
vor Aschermittwoch, eingeläutet. In Konstanz, Meersburg, Ludwigshafen, Kreuzlingen und Singen finden dann sogenannte »Hemdglonker«-
Umzüge statt, bei denen man abends im weißen Nachthemd durch die
Stadt zieht. Radolfzell startet mit einem solchen Umzug schon am Mitt-
wochabend zum Fastnachtendspurt, und Stockach folgt am Montagnach-
mittag. Dort hält man am Donnerstag das Narrengericht ab, bei dem sich
traditionell Politiker für ihre »Missetaten« verantworten müssen.
Im schweizerischen Ermatingen findet die »letzte Fastnacht der Welt«
statt – die **Groppenfasnacht** feiert man nämlich erst drei Wochen vor
Ostern, wenn man andernorts schon lange fastet. Der große Umzug wird
allerdings nur alle drei Jahre veranstaltet.
Eine ganz andere Art buntes Treiben findet man das ganze Jahr über in
der Messe Friedrichshafen. Vor allem Veranstaltungen zum Thema Mo-
torrad, Auto und Schifffahrt wie die **Tuning World**, **Klassikwelt** und
**Interboot** ziehen ein überaus zahlreiches Publikum an, was sich auch am
Verkehrsaufkommen entlang des Sees bemerkbar macht.

## FEBRUAR

### Fastnacht

In fast allen Orten im Bodenseeraum finden Umzüge satt. Hochburgen der schwäbisch-alemannischen Fastnacht am Bodensee sind Konstanz, Meersburg, Überlingen, Singen, Friedrichshafen, Altstätten und St. Gallen.

Do–Di vor Aschermittwoch
www.narrenzunft-schnabelgiere.de;
www.narrengesellschaft-niederburg.de;
www.fasnachtsg.ch; www.roellelibutzen.ch

## MÄRZ

### Acappella Festival, Rorschach

Dass man auch ohne Instrumente hervorragend Musik machen kann, beweisen jedes Jahr Ende März die Sänger und Sängerinnen beim Acapella Festival in Rorschach.

www.acappella-rorschach.ch

### Bregenzer Frühling

Von März bis Mai finden Ballettaufführungen international bekannter Künstler im Bregenzer Festspielhaus statt.

www.bregenzerfruehling.at

## APRIL

### Markusfest auf der Reichenau

Am 25. April ist hier Inselfeiertag. Am Vormittag werden in einem wertvollen silber-getriebenen und vergoldeten Schrein aus dem Anfang des 14. Jh. die Reliquien des Inselheiligen Markus in einer Prozession vom Münster aus durch den Ort getragen.

25. April

### Honky Tonk Festival, St. Gallen

In fast 30 Kneipen treten Musiker auf – einfach ein Ticket kaufen und dann zur eigenen Konzertrundreise von Lokal zu Lokal gehen.

Sa Ende April
www.honkytonk.ch

## MAI

### Aufgetischt!, St. Gallen

Straßenmusik kombiniert mit Essständen. St. Gallen feiert draußen.

Fr–Sa Anfang Mai
www.aufgetischt.sg

### Droste-Literaturtage, Meersburg

Meersburg feiert vier Tage lang die berühmte Dichterin Annette von Droste-Hülshoff mit Lesungen, Vorträgen und Konzerten.

Mitte Mai
www.meersburg.de/152

### Internationale Bodenseewoche, Konstanz

Stolz ist man in Konstanz auf die Bodenseewoche, die man als »eine der ältesten und bedeutendsten Wassersportveranstaltungen zwischen Kiel und Genua« bewirbt. Rund um den Hafen finden dann Segelregatten, Ruderwettkämpfe, Hafenkonzerte und Shows statt.

Ende Mai
www.bodenseewoche.com

### Schwedenprozessionen, Überlingen

Zweimal wurde Überlingen im Dreißigjährigen Krieg von den Schweden belagert, die Stadt konnte sich aber verteidigen. Im Gedenken daran findet zweimal im Jahr eine Prozession statt. Dann erinnert man auch mit dem »Schwertlestanz« an die Schwedenzeit.

Zweiter So im Mai und Juli

Geflochtene Ahornbogen schmücken bei der im Juli stattfindenden Mooser Wasserprozession (▶ S. 55) in Radolfzell die Boote, die in einer Art Wallfahrts-Korso den See überqueren.

## JUNI

### CSIO, St. Gallen

Pferdesportfreunde haben den Termin Anfang Juni dick im Kalender angekreuzt – das CSIO ist einer der wichtigsten Springwettbewerbe Mitteleuropas.
Sportanlage Gründenmoos | www.csio.ch

### Klassikwelt Bodensee, Friedrichshafen

Autos, Boote, Traktoren und Flugzeuge – für Fans der klassischen Mobilität wird hier viel geboten. Neben Händlern stellen auch Privatleute ihre Oldtimer zur Schau. Eines der Highlights ist die Flugschau.
Wochenende Mitte Juni
www.klassikwelt-bodensee.de | Eintritt 16 €, erm. 14 €, Kinder ab 6 J. 8 €

### St. Galler Festspiele

Oper und Tanz gibt es zwei Wochen lang draußen auf dem Klosterplatz.
www.stgaller-festspiele.ch | Tickets zwischen 50 und 170 CHF

## JULI

### Bregenzer Festspiele

Größtes Kulturereignis am Bodensee. Auf einer in den See hineingebauten Bühne wird große Oper aufgeführt.
Anfang Juli–Ende August
www.bregenzerfestspiele.com

### Mooser Wasserprozession

Mit geschmückten Booten kommen die Pilger in den frühen Morgenstunden über den See, weiter geht es dann in feierlicher Prozession in das Münster von Radolfzell.
Dritter Mo im Juli

Mal freundlich, mal mürrisch, doch stets kunstvoll geschnitzt sind die Holzmasken, die während der traditionellen schwäbisch-alemannischen Fastnacht (▶ S. 54) die Straßen bevölkern.

### Seehasenfest, Friedrichshafen 👫

Umzüge, Musikveranstaltungen und ein großes Volksfest – beim Seehasenfest feiert sich Friedrichshafen selbst.
Do–Mo Mitte Juli
www.seehasenfest.de

### Uhldinger Hafenfest 👫

Höhepunkt beim Hafenfest ist die Schrottregatta am Samstagnachmittag, bei der Kapitäne mit selbst gebauten »Booten« versuchen, nicht unterzugehen. Feuerwerk am Samstagabend.
Wochenende vor den Sommerferien in Baden-Württemberg

## AUGUST

### Open Air, Meersburg

Einmal pro Jahr treten internationale Stars in Meersburg zu einem Konzert auf. In den vergangenen Jahren waren u. a. Chris de Burgh, die Fantastischen Vier, Joan Baez und Max Raabe da. Für eine besondere Atmosphäre sorgen aber nicht nur die Künstler, sondern auch die Location – der Schlossplatz.
Anfang August

### Staatsfeiertag in Liechtenstein

Zu Gast beim Fürsten – das ist am Staatsfeiertag des Zwergenstaats Liechtenstein für jeden möglich. Mittags wird auf der Schlosswiese ein öffentlicher Aperitif ausgerichtet, ab dem frühen Nachmittag findet im Städtle ein großes Volksfest statt, das abends mit einem bombastischen Feuerwerk seinen Höhepunkt hat. Alle Museen in Vaduz sind an diesem Tag eintrittsfrei und bieten Sonderausstellungen.

15. August
Vaduz | www.staatsfeiertag.li | Aperitif 12–15 Uhr, Feuerwerk 22 Uhr

### Konstanzer Seenachtfest

Großes Stadtfest in Konstanz – an nahezu jeder Straßenecke tritt irgendein Künstler auf. Höhepunkt ist ein großes Feuerwerk am Samstagabend.
Zweites Wochenende im August
www.seenachtfest.de

### Sandskulpturenfestival, Rorschach

Zum Internationalen Sandskulpturenfestival transportiert man alljährlich 15 t Sand nach Rorschach, damit dort Künstler aus aller Welt zum Wettbewerb antreten können.
🕐 Je früher man die Skulpturen bestaunt, desto intakter sind sie.
Mitte August bis Anfang September
www.sandskulpturen.ch

## SEPTEMBER
### Rock am See, Konstanz

Großes Rockfestival mit internationalen Stars im Konstanzer Stadion zu jährlich wechselnden Daten.
www.rock-am-see.de

### Bodensee Radmarathon »Rund um den Bodensee«

An einem Tag mit dem Fahrrad 220 km rund um den See, eine Traumstrecke für jeden Radprofi. Gestartet werden kann von sechs Orten aus. Für weniger Ambitionierte gibt es Teilabschnitte von 150 bzw. 80 km zu bewältigen.
Zweiter Sa im September
www.bodensee-radmarathon.ch

## OKTOBER
### Historisches Markttreiben, Meersburg

Der Schlossplatz in Meersburg wird zur Kulisse für einen Historischen Markt.
Zweites Wochenende im Oktober

## NOVEMBER
### Hagnauer Klassik

Kammermusikfreunden wird hier vier Tage lang ein kleines, aber sehr feines Festival geboten. Junge Musiker aus europäischen Spitzenorchestern treten bei Konzerten im kleinen Rahmen auf.
Anfang November
www.hagnauer-klassik.de

### Weihnachtsmarkt im Schloss Salem

Einer der stimmungsvollsten Weihnachtsmärkte in der Bodenseeregion: Vor der historischen Schlosskulisse bieten zahlreiche Kunsthandwerker ihre schönen Waren an, für Glühwein und allerlei Leckereien sorgen die örtlichen Vereine. Um 17 Uhr findet an beiden Tagen im Münster »Wintermusik bei Kerzenschein« statt.
Erstes Adventswochenende, Sa ab 14, So ab 10.30 Uhr

## DEZEMBER

Mehrwöchige Weihnachtsmärkte rund um den Bodensee finden u. a. in Lindau, Konstanz, Meersburg, Bregenz und St. Gallen statt.

# MIT ALLEN SINNEN
## Den Bodensee spüren & erleben

*Reisen – das bedeutet aufregende Gerüche und neue
Geschmackserlebnisse, intensive Farben, unbekannte Klänge und
unerwartete Einsichten; denn unterwegs ist Ihr Geist auf besondere
Art und Weise geschärft. Also, lassen Sie sich mit unseren Empfehlungen auf das Leben vor Ort ein, fordern Sie Ihre Sinne heraus und
erleben Sie Inspiration. Es wird Ihnen unter die Haut gehen!*

◄ Die Bodenseesauna bora (▶ S. 61) in Radolfzell hat direkten Zugang zum See.

## ESSEN UND TRINKEN
### Kulinarische Stadtführungen ✔ E5

St. Gallen bietet gleich eine ganze Reihe von Touren an, die eine Stadtführung mit kulinarischen Erlebnissen verbinden. Der Klassiker ist die »Probiererli-Tour«, bei der man während der Führung an fünf Stationen Spezialitäten der Region verkosten kann, z. B. die köstliche St. Gallener Bratwurst.

St. Gallen | www.st.gallen-bodensee.ch; www.culinarium.ch

### Whiskytour ✔ D2

Mit Whisky bringt man den Bodensee normalerweise nicht in Verbindung. Und doch gibt es allein auf der deutschen Seeseite drei Brennereien: Steinhauser in Kressbronn, Senft in Salem

und Waibel in Überlingen. Ein paar Mal im Jahr startet eine Whiskytour, die unter fachkundiger Leitung zu den Destillerien führt, Verkostung inklusive. Wer auf den schnell ausgebuchten Touren keinen Platz mehr bekommt, kann auch direkt mit den Brennereien Besichtigungstermine vereinbaren. Zumindest Steinhauser und Senft bieten diese Möglichkeit an.

Bodensee-Whisky-Tour | Startpunkt in Überlingen | Tel. 07 07 12 66 68 | www.bodensee-genuss-erlebnisse.de; www.weinkellerei-steinhauser.com; www.edelbraende-senft.de

## KULTUR UND UNTERHALTUNG
### »Essen und Tschässen« ✔ G4

In neun Lokalen des kleinen Ortes Nonnenhorn bekommt man an diesem Abend, auch die »Nacht der Nächte« genannt, neben guter Kost auch tolle Livemusik serviert. Wer Feines für Gaumen und Ohren möchte, sollte unbedingt vorab reservieren.

Wenn von den Restaurants der Dixie, Blues und Swing auf die Straße tönt, ist auch hier viel los – an Straßenrändern und Gärten leuchten über 1000 kunstvoll geschnitzte Kürbisgeister, die von zahlreichen Abendspaziergängern bestaunt werden.

Nonnenhorn | Sa Ende Okt., ab 19 Uhr

### Historienkrimi-Führung ✔ D3

Das Autorenpaar Henry Gerlach und Monika Küble führt Konstanzbesucher zu den Schauplätzen des Konzils. Die beiden lesen unterwegs aus ihrem historischen Krimi »In nomine diaboli« und lassen die Teilnehmer eintauchen in die faszinierende Welt des Mittelalters mit ihren Märkten und Klöstern, Hurenhäusern und finsteren Spelunken. An Wein hat es auf den Konzilteilnehmern seinerzeit nicht gefehlt, und darum wird den Zuhörern unterwegs ein Gläschen kredenzt.

Konstanz | Tel. 0 75 31 95 82 83 | www.kompetenzzentrum-konstanzer-konzil.de | Eintritt 20 €

## Lindauer Marionettenoper

▶ S. 67, c 2

Lindau beheimatet eines der ungewöhnlichsten Theater Deutschlands. In der Marionettenoper spielt man »Die Zauberflöte«, »Die Entführung aus dem Serail« oder »Der Barbier von Sevilla«. Das Haus nimmt sich also desselben Repertoires an wie die großen Bühnen und lässt sein an Fäden bewegtes Ensemble mit der gleichen Ernsthaftigkeit spielen, wie es anderswo die Stars aus Fleisch und Blut tun. Die Macher betonen denn auch, dass sie ein Erwachsenentheater sind. Das scheint gut anzukommen, die Vorstellungen sind fast immer ausverkauft.

Lindauer Marionettenoper im Stadttheater | Lindau | Fischergasse 37 | www.marionettenoper.de | Tickets 21–29 €, Kinder 15 €

## AKTIVITÄTEN

### Einmal Mainau-Gärtner sein   ⚓ D 3

Von den Besten lernen, das kann man auch als Hobbygärtner. Meister ihres Fachs arbeiten auf der Blumeninsel Mainau, und wenn Sie Lust haben, können Sie sich eine Gartenschürze umbinden und ihnen einen Tag lang oder länger zur Hand gehen und Blumenzwiebeln nach Pflanzplänen verbuddeln, Zweige ans Spalier binden, Erde auflockern und sich dabei jede Menge Tricks von den Profis abschauen.

Mainau GmbH | Parksekretariat | Tel. 07 53 1 30 31 13 | www.mainau.de | 1 Tag für 160 €

### Lastensegler St. Jodok   ⚓ E 3

Die Lädine St. Jodok, Nachbau eines historischen Lastenseglers aus dem 15. Jh., läuft von Immenstaad zu Segeltouren über den See aus. Wer Lust hat, sich frischen Wind um die Ohren wehen zu lassen, kann mit an Bord gehen. Der Name Lädine rührt übrigens

vom alemannischen Wort »Lädi« her, das »Ladung« bedeutet.

Immenstaad | Abfahrt vom Landungssteg in der Bachstraße | Tel. 07 54 59 01 09 29 | www.laedine.de | April–Juli, Mitte Sept.–Okt. Sa, So 14, 15, 17 und evtl. 18.30, Aug.–Mitte Sept. Di–So, Sa, So auch 10.30 Uhr | Kartenverkauf an Bord, Preis je nach Fahrtdauer 12–16 €, Kinder die Hälfte

### Malkurse auf der Höri   ⚓ C 3

Kunst spielt auch heute noch eine große Rolle auf der Höri, diesem schweiznahen, malerischen Fleckchen Erde, in dem einst Otto Dix und andere Künstler Zuflucht suchten, als ihre Kunst in Nazi-Deutschland verpönt war. Die regional bekannte Künstlerin Heidi Reubelt gibt ihr Wissen in Malkursen weiter. Das Kursangebot umfasst auch drei- bis viertägige Urlaubsmalkurse für Anfänger und Fortgeschrittene.

Atelier Heidi Reubelt | Gaienhofen-Horn | Weilerstr. 1 | www.atelier-heidi-reubelt.de

### Per Fahrrad zu schönen Gärten 📖 D 3

Im Untersee liegt nicht nur die Garteninsel Reichenau, in diesem Teil der Bodenseeregion findet man eine ganze Reihe privater und öffentlicher Gärten, die es sich lohnt zu besuchen. Der regionale Tourismusverband hat drei Radtouren mit einer Länge zwischen 20 und 30 km entwickelt, auf denen man die Gärten kennenlernen kann.

www.tourismus-untersee.eu (Link: Tourenplaner)

## WELLNESS

### Saunagenuss 📖 C 2/3

Acht verschiedene Saunen bietet die Bodenseesauna bora in Radolfzell ihren Gästen. Von der finnischen Sauna über Erd- und Japansauna bis zur Rauchsauna reicht das schweißtreibende Angebot. Ebenso vielfältig sind die Optionen zur Abkühlung. Entweder springt man direkt in den See, steigt in den Außenpool oder stellt sich unter die Steindusche im Freien. Wer es nach der Sauna auch im Wasser warm haben will, relaxt in einem Onsen, einem heißen japanischen Bad.

bora | Radolfzell | Karl-Wolf-Str. 33 (Eingabe fürs Navi: Zeppelinstr.) | www.bora-sauna.de | Mo–Sa 10–23, So 10–22 Uhr | Tageskarte ab 21 €, Kinder 18 €

### Yoga auf dem Wasser 📖 D 2

Weil sich auch Entspannung immer noch steigern lässt, widmen sich die Trainer der Überlinger Surfschule einer neuen Yoga-Variante: Yoga auf dem Surfbrett. Sinn der Sache ist es, Tiefenmuskulatur und Gleichgewichtssinn zu trainieren und der inneren Balance auf die Sprünge zu helfen. Die Übungen sind einfach, und auch ohne Yoga-Vorkenntnisse steigt man am Ende zufrieden und mit einem breiten Lächeln im Gesicht vom Brett.

Surfschule Bodensee | Überlingen | Im Strandbad Ost, Strandweg 32 | www.surfschulebodensee.de | Mai–Sept. Fr, Sa 18 Uhr | Einzelstunden 18 €

Prinz Tamino an Fäden – in der Lindauer Marionettenoper (▶ S. 60) gehören große Opern wie Mozarts »Zauberflöte« selbstverständlich mit ins Repertoire.

Schön, schöner, am schönsten: die Birnau
(▶ MERIAN TopTen, S. 95) hoch über dem See.

# DEN BODENSEE
# ERKUNDEN

# VON LINDAU BIS FRIEDRICHSHAFEN

*Die Altstadt von Lindau, die Museen von Friedrichshafen und die vielen Weingüter in den Dörfern dazwischen sind die Hauptanziehungspunkte für die Touristen im Südostteil des Bodensees.*

Lindau mit seiner Altstadt und das moderne Friedrichshafen umfassen diesen Streckenabschnitt im Südosten des Bodensees wie eine Klammer. Es sind nur 25 km von der einen in die andere Stadt, und doch gibt es auf dem Weg so viel zu sehen, dass man dafür sicher deutlich länger braucht als die vom Routenplaner berechnete halbe Stunde. Die Weindörfer Wasserburg, Nonnenhorn und Kressbronn beispielsweise, in denen die Winzer die Urlauber mit Weinverkostungen vom touristischen Tagwerk ablenken, oder Langenargen und Tettnang, wo die Schlösser der Grafen von Montfort zur Besichtigung locken.

Bevor man sich auf die kurze Fahrt macht, steht aber erst einmal ein Rundgang durch Lindau an. Ob die Stadt, die sich gerne mit den

◄ Lindau gehört zu Bayern – der Löwe an der Hafeneinfahrt lässt keinen Zweifel daran.

Beinamen »Bayerisches Venedig« schmückt, mit der Lagunenschönheit in Italien mithalten kann, muss jeder selbst entscheiden. Zweifelsohne gehört Lindau aber zu den sehenswertesten Städten am Bodensee. Das Haus Zum Cavazzen, das Alte Rathaus, die Peterskirche und der Diebesturm – die Liste der Sehenswürdigkeiten ist lang. Am besten lernt man Lindau aber kennen, wenn man einfach durch die engen Straßen der **Altstadt** ⭐ schlendert und sich nach dem Spaziergang in einem Café am Hafen einen Cappuccino bestellt. Wenn dann auch noch die Sonne scheint und man den warmen Sommerwind auf der Haut spürt, fühlt man sich Venedig ganz nahe.

## GRÖSSER, WENIGER HÜBSCH, ABER HÖCHST INTERESSANT

Friedrichshafen kann mit dem Charme Lindaus nicht mithalten. In der Industriestadt ließen die Nazis Waffen für den Krieg produzieren, und daher war der Ort gegen Kriegsende bevorzugtes Ziel alliierter Luftangriffe – viele Menschen starben, und ein Großteil der alten Bausubstanz wurde zerstört. Der Besuch der größten Stadt auf der deutschen Bodenseeseite lohnt trotzdem – das **Zeppelinmuseum** ⭐ und das Dornier Museum begeistern nicht nur Technikfreaks. Und auf Friedrichshafens lange Uferpromenade, die an der Schlosskirche endet, ist man auch in Lindau neidisch.

## LINDAU                    ⚑ G 4

Stadtplan ▶ S. 67
24 600 Einwohner

Idealerweise nähert man sich Lindau vom Wasser her an. Schon von Weitem sichtbar ist der Neue Leuchtturm, der gemeinsam mit einer Löwenskulptur seit über 150 Jahren die Hafeneinfahrt einrahmt. Der Hafen liegt an der Südseite einer kleinen Insel, auf der sich die **Lindauer Altstadt** ⭐ ausbreitet.

Mit ihrem pittoresken Charme, den schmalen Gassen und den von Patrizierhäusern gesäumten Flaniermeilen gehört sie zweifellos zu den schönsten Orten am See. Im Sommer werden Lindaus Seepromenade und die Haupteinkaufsstraßen von Touristen regelrecht überflutet. Doch wer sich nicht nur mit der Menge treiben lässt, sondern hier und dort abbiegt und eintaucht in die Gassen und Gänge, der entdeckt auch in der Hauptsaison stille Winkel und lauschige Plätze, spürt das Flair, das sich die ehemals Freie Reichsstadt bis heute bewahrt hat. Bisweilen fühlt man sich angesichts kleiner, blumengeschmückter Innenhöfe und über schmale Stiegen erreichbare Dachterrassen nach Italien versetzt. Durch intensive Handelsbeziehungen mit dem Stiefelland haben sich die Bauherren am Bodensee offensichtlich schon vor Jahrhunderten inspirieren lassen.

Die mit Salz-, Korn- und Leinenhandel reich gewordenen Lindauer Kaufleute ließen sich stattliche Häuser bauen, die prächtigsten davon an der Maximilianstraße. Beim verheerenden Stadtbrand von 1728 ging ein Großteil der mittelalterlichen Stadt in Flammen auf. Im Barockstil wurden die zerstörten Gebäude dann wieder aufgebaut.

Der neue Teil der Stadt mit Wohn- und Gewerbegebieten liegt auf dem Festland, mit dem die Insel durch eine Brücke und einen Bahndamm verbunden ist. Hier leben mehr als 20 000 Lindauer, während die Altstadt nicht einmal 4000 Einwohner zählt.

Lindau wurde im April 1945 von französischen Truppen eingenommen und gehörte nach dem Zweiten Weltkrieg zur französischen Besatzungszone. Die Stadt bekam einen Sonderstatus, war abgetrennt vom übrigen amerikanisch besetzten Bayern und bildete zehn Jahre lang eine Brücke zwischen den französischen Besatzungszonen in Österreich und Deutschland. Erst 1955 wurde Lindau dann wieder in den Freistaat Bayern eingegliedert.

Bis heute sind die Lindauer stolz auf eine Veranstaltungsreihe, die in den frühen Nachkriegsjahren an den Start

gebracht wurde – das Treffen der Nobelpreisträger. Mit der Absicht, die durch die NS-Zeit entstandene Isolation der deutschen Wissenschaft zu überwinden, lud man die ausgezeichneten Wissenschaftler und den wissenschaftlichen Nachwuchs erstmals 1951 zu einem Gedankenaustausch ein. Heute ist das Lindauer Nobelpreisträgertreffen eine internationale Plattform mit mehreren hundert Teilnehmern aus aller Welt, die jedes Jahr einer anderen Fachrichtung gewidmet ist.

## SEHENSWERTES

### 1 Altes Rathaus

Am Bismarckplatz steht das Alte Rathaus, das mit farbenfroher Fassade und schmuckem Treppengiebel besticht. Umrunden Sie das Gebäude, es lohnt sich. Die Wandmalereien an der Südfassade zeigen Ereignisse aus der Lindauer Geschichte, und hier lässt sich auch eine historische Sonnenuhr bestaunen. Juwel des Rathauses ist der gotische Ratssaal, in dem auch noch Teile der ehemaligen Reichsstädtischen Bibliothek aufbewahrt werden. Hier sammelten die Lindauer über Jahrhunderte Werke aller Wissensgebiete – von der Alchemie bis zu Zivil- und Kirchenrecht. Die ältesten Bücher stammen aus dem 14. Jh.

Bismarckplatz 4 | Tel. 0 83 82 91 81 06 | Besichtigung nur im Rahmen von angemeldeten Gruppenführungen

### 2 Bürgerhäuser in der Maximilianstraße

Die Maximilianstraße ist die Haupteinkaufsstraße der **Lindauer Altstadt** ⭐, größtenteils als Fußgängerzone mit mittelalterlichem Kopfsteinpflaster

Lindau

© MERIAN-Kartographie

210 m

0

Bodensee

Kleiner See

Bodensee

Groß-Alpe · Neue Seebrücke

Stadt-garten

Bad Schachen, Friedrichshafen, Bregenz

Oskar-Groll-Anlage

Casino

Ludwigs-bastion

Heiden-mauer

Stephanskirche

Stiftskirche S. Marien, ehem. Damenstift

Elisabethenhaus

Gerberschanze

Inselhalle, Stadthalle, Feuerwehr

Haus zum Cavazzen

Altstadt

Neptun-Brunnen

Marionettentheater

Stadttheater

Stadt-museum

Stiftspl.

Bartüßer platz

Werfthafen

Wasserschutz-polizei

Segelhafen

Kronengasse

Zitronen-gasse

Kinder-festpl.

Binderg.

Burgg.

Brettermarkt

Römerbad

Fischer-hafen

Restaurant Villino

Altersheim

Grub

Zwanziger

Auf der Mauer

Alte Schul-

Hofstatt

Bürsterg.

Salzg.

Schneeg.

bergg.

Burgermeister

Lindavia-Brunnen

Reichs-pl.

Rüberpl.

Yacht-schule

Römer-schanze

Bayerischer Löwe

Neuer Leuchtturm

Linden-schanze

Thierschbrücke

Paradies-platz

Schafgasse

Diebsturm

Schranien-platz

Zeppelin-Altes Rathaus

Maximilianstr.

Inselgraben

Hafen

Seehafen

Bodensee-Schiffsbetriebe

Leuchtturm mole

Löwenmole

Peterskirche

Zeppelin-str.

Dammstegg.

Bahnhofplatz

DB

Haupt-bahnhof

Hexenstein

Stern-schanze

Thierschstr.

Dreierstr.

Schützingerweg

Pumpwerk

Pulver-schanze

Pulver-turm

Ehem. Luitpold-Kaserne

Pulverturmweg

Karls-bastion

und vor allem wegen ihrer Patrizierhäuser mit Giebelkränen, Dachgauben, Fassadenmalerei und Laubengängen sehenswert. Im Mittelalter hatten verschiedene Zünfte entlang der Straße ihren Sitz, was den einzelnen Straßenabschnitten unterschiedliche Namen eintrug, von der »Mezg« im Westen über den »Brodplatz« bis zum »Alter Markt« am östlichen Ende der Straße. Dort residierte die 1358 erstmals urkundlich erwähnte Vereinigung der Fernkaufleute, die sich »Zum Sünfzen« nannte. Ihr markantes Haus mit einem vierbogigen Laubengang kann man noch heute bewundern.

Zu den architektonischen Schmuckstücken zählt auch das Gebäude der »Weinstube Frey« (Nr. 15) und das Haus »Zum Bären« (Nr. 11), das aus dem 15. Jh. stammt.

### ❸ Diebsturm

Gleich neben der Peterskirche steht ein Rundturm aus dem 14. Jh., der mit seinen spitzen Türmchen einem Märchenbuch entsprungen zu sein scheint. In Wirklichkeit war er einst Teil der Stadtbefestigung und diente als Gefängnis – was ja auch schon sein Name verrät.

Oberer Schrannenplatz

### ❹ Hafen

Der Hafen an der Südseite der Insel wurde 1812 angelegt, Maximilian II. von Bayern ließ ihn in den 1850er-Jahren ausbauen. Dem König schwebte vor, Lindau über den Rhein mit Rotterdam zu verbinden – aus den kühnen Plänen wurde nichts. Immerhin kann sich Lindau seither mit der schönsten Hafeneinfahrt am Bodensee rühmen.

Ursprünglich von Wasser umgeben und nur über eine Zugbrücke erreichbar, gehört der Mangturm ( ▶ S. 69) heute zur Lindauer Hafenpromenade.

Das Löwenstandbild wurde aus Kehlheimer Sandstein geschaffen. Sein stolzes Gewicht: rund 50 t. Wer die 139 Stufen des Leuchtturms erklimmt, kann auf der Aussichtsplattform Weitblick mit Alpenkulisse genießen.

Seepromenade | Leuchtturm: je nach Wetter und Nachfrage geöffnet | Eintritt 1,80 €, Kinder 0,70 €

### 5 Haus zum Cavazzen

Das vom Appenzeller Baumeister Jakob Grubenmann in den Jahren 1728/1729 am Lindauer Marktplatz erbaute Haus zum Cavazzen gilt Freunden der üppig dekorierten Barockarchitektur als das schönste Haus am Bodensee. Bereits auf den ersten Blick besticht es mit seiner auffälligen Fassadenmalerei. Als bautechnische Meisterleistung beeindruckt das auffällig hoch aufgeschwungene Dach. Der Name des Hauses leitet sich vermutlich von einem Familiennamen ab – de Kawatz hießen die Besitzer des Grundstücks, die im 16. Jh. aus der Lombardei in die Bodenseeregion eingewandert waren. Seit 1929 ist das Haus zum Cavazzen Sitz des Lindauer Stadtmuseums. Schauen Sie auch in den mediterranen Innenhof. Im Sommer lädt hier ein hübsches Café zum Verweilen ein.

Marktplatz 6

### 6 Mangturm

An der Nordseite des Hafens steht der Alte Leuchtturm, auch Mangturm genannt, der im 12. Jh. erbaut wurde und einst Teil der Stadtbefestigung war. Heute werden hinter seinen dicken Mauern Märchenstunden für Erwachsene und Kinder veranstaltet – für Letztere wird nur in den Sommerferien gelesen, genaue Termine hat die Tourist Information.

Hafenplatz | Märchenstunden für Erwachsene Mai–Sept., Fr 19 Uhr | Eintritt 8 €; Turmbesteigung 3 €

### 7 Peterskirche

Am nordwestlichen Ende der Altstadt steht die über 1000 Jahre alte Peterskirche, eines der ältesten Bauwerke der Bodenseeregion. 1928 wurde das ehemalige Gotteshaus zu einer Gedenkstätte für Kriegsopfer umgestaltet. Ein Blick ins Innere lohnt unbedingt. An der Nordwand zieht die »Lindauer Passion« die Blicke auf sich. Die Fresken aus dem späten 15. Jh. werden aufgrund der Signatur »HH« Hans Holbein d. Ä. zugeschrieben.

Oberer Schrannenplatz | tgl. 9–18 Uhr

## MUSEEN UND GALERIEN

### 8 Stadtmuseum

In wechselnden Ausstellungen zeigt das Museum im Haus zum Cavazzen Werke namhafter Künstler. In Dauerausstellungen werden Musikinstrumente und Waffen präsentiert, zudem Wohnkultur von der Spätgotik bis zum Jugendstil.

Marktplatz 6 | www.kultur-lindau.de/ stadtmuseum/ | Ende März–Aug. tgl. 10–18 Uhr | Eintritt 3 €, Kinder 1,50 €

## ÜBERNACHTEN

### 9 Adara ▶ S. 24

### Das Mietwerk 🕴 ▶ S. 67, nördl. c1

Gelungener Mix – Aus einer historischen Villa ist ein charmantes Hostel geworden. Die Zimmer sind mit alten und modernen Möbeln eingerichtet, Gäste können es sich in der Selbstbedien-Lounge und im Garten behaglich machen. Das tolle Frühstücksbuffet garantiert einen gelungenen Start in den Tag.

Holdereggenstr. 11 (Festland) | Tel. 08 38 25 04 11 30 | www.dasmietwerk.de | 16 Zimmer | ♿ | €

### ESSEN UND TRINKEN

**⑩ Bier- & Weinstube Engel**

**Urgemütlich** – Die rustikale Gaststube liegt im ersten Stock eines historischen Gebäudes. Besonders beliebt und entsprechend schnell besetzt sind die Plätze im Erker, aus denen man das Geschehen unten auf der Straße im Blick hat. Den Hunger kann man mit einer deftigen Brotzeit oder warmen bayerischen Schmankerln stillen. Sehr lecker sind die Lindauer Bier-Kässpatzen.

An schönen Sommerabenden serviert der Wirt mitunter einen kleinen Imbiss und einen Schoppen Wein auf der Dachterrasse, wo seine Gäste einen zauberhaften Blick über die Altstadt und fast schon italienisches Flair genießen können. Termine hierzu auf Anfrage.

Schafgasse 4 | Tel. 0 83 82 52 40 | www.engel-lindau.de | tgl. 11–14, 17–23 Uhr | €–€€

**Villino** ▶ S. 30
**⑪ Zum Raichlebeck** ▶ S. 30

### SERVICE

AUSKUNFT

**Lindau Tourismus und Kongress GmbH**
Hervorragende Homepage!
Alfred-Nobel-Platz 1 | www.lindau-tourismus.de | Mo–Fr 10–17 Uhr

# WASSERBURG  G 4
3600 Einwohner

Die geografische Position könnte kaum schöner sein: 5 km westlich von Lindau liegt Wasserburg, malerisch auf einer Halbinsel, im Hinterland eingerahmt von Wäldern und Obstplantagen. Als Ausgangspunkt für Spaziergänge und Radtouren ist der kleine Luftkurort ideal. Wer mag, kann sich literarischen Spaziergängen anschließen oder bei Obstbauführungen so ziemlich alles über Birnen, Kirschen, Zwetschgen und Aprikosen, über Anbau und Sortenvielfalt in Erfahrung bringen. Wassersportfans kommen ebenfalls auf ihre Kosten, wofür nicht zuletzt die Surfschule sorgt.

Als berühmtester Sohn des kleinen Ortes firmiert der Schriftsteller Martin Walser, der hier 1934 als Spross eines Gastwirts und Kohlenhändlers zur Welt kam. Über Ereignisse, die für Walsers Leben und Werk prägend waren, informiert das Museum im Malhaus. Markantestes Bauwerk ist das Wasserburger Schloss, das im 16. Jh. den Fuggern gehörte und heute als Hotel firmiert.

### MUSEEN UND GALERIEN

**Museum im Malhaus**

In wechselnden und permanenten Ausstellungen widmet sich das Haus der Heimatgeschichte, einschließlich des dunklen Kapitels der Hexenprozesse, sowie dem Leben und Wirken des Schriftstellers Martin Walser und seines weniger bekannten Kollegen Horst Wolfram Geißler, gebürtiger Wasserburger auch er. Durch die Themenräume lässt man sich am besten von Heimatpfleger Fridolin Altweck führen. Der pensionierte Lehrer ist mit Walser gut bekannt und liest aus dessen Werken mindestens so gut wie der Autor selbst. Ein rundum stimmiges Erlebnis.

Halbinselstr. 77 | www.museum-immalhaus.de | April–Okt. Di–So 10.30–12.30, Mi, Sa, So auch 14.30–17.30 Uhr | Führungen nach Vereinbarung

### ESSEN UND TRINKEN

**Hege Strand 3** ▶ S. 28

#### Mosträdle

**Rustikal** – Von Mitte Juni bis Anfang September werden auf dem Obsthof Most und Hauswein ausgeschenkt und deftige Snacks serviert.

Dorfstr. 9 | Tel. 0 83 82 88 71 80 | Mitte Juni–Anfang Sept. So–Fr ab 17 Uhr | €

### SERVICE

#### Tourist Information

Lindenplatz 1 | www.wasserburg-bodensee.de | Nov.–Feb. Mo–Fr 8–12, März, April, Okt. Mo–Do auch 14–17, Mai–Sept. Mo–Fr 8–12.30, 14–17.30, Sa 9–12 Uhr

## NONNENHORN ◢ G 4

1700 Einwohner

Idyllisch eingerahmt von Obst- und Weingärten liegt die Gemeinde Nonnenhorn. Jahrhundertelang war der kleine Ort Station der Jakobswegpilger, die es in die Kapelle St. Jakobus zog. Auch für Nicht-Pilger lohnt ein Blick ins Innere, das mit kostbaren spätgotischen Plastiken ausgestattet ist.

Dass Nonnenhorn auch Liebhabern zeitgenössischer Architektur einiges zu bieten hat, ist den jungen Winzern zu verdanken. Die haben alte Scheunen zu

Klein, aber fein – auf Wasserburgs Halbinsel passt nicht viel mehr als die Kirche St. Georg und das Schloss Wasserburg, heute Hotel und Restaurant. Ein Besuch lohnt sich allemal.

schicken Vinotheken umbauen lassen, wo Interessierte die weißen und roten Schätze ihrer Keller kennenlernen können. Der Torkel, die alte, einst gemeinschaftliche Weinpresse, steht in der Ortsmitte. Sie stammt aus dem 16. Jh. und ist die älteste in der Bodenseeregion. Wissenswertes über Nonnenhorner Weingüter und Winzer lässt sich bei einer Weinführung in Erfahrung bringen.

### EINKAUFEN

**Lanz.Wein** ▶ S. 42

### Winzerhof Gierer

Müller-Thurgau, Riesling, Grauburgunder und Bacchus sind die Spezialitäten von Winzer Josef Gierer. Preisgekrönt sind nicht nur einige seiner Weißweine, Architekturpreise gab es auch für die durchgestylte Vinothek, die mit großen Glasfronten die Grenzen zwischen Innenraum und Weingärten optisch aufhebt.

Das Weingut bietet auch drei sehr schön gestaltete Ferienwohnungen an. Sonnenbichlstr. 31 | www.winzerhof-gierer.de | Mo–Sa 8–12, 14–19 Uhr, So Vormittag nach Vereinbarung

### SERVICE

AUSKUNFT

**Tourist Information**

Seehalde 2 | www.nonnenhorn.eu | Mo–Fr 9–12 Uhr

## KRESSBRONN  ⚑ G 4

8300 Einwohner

Die Gegend um Kressbronn war schon zur Römerzeit besiedelt. Das weiß man seit Anfang des 20. Jh., als man hier

Das Ufer im Naturstrandbad Kressbronn ähnelt vielen anderen Badestellen am Bodensee, doch die angrenzende Wiese mit schönem alten Baumbestand ist einmalig.

Überreste einer römischen Therme entdeckte. Den heutigen Ort gibt es seit 1934, als die Nationalsozialisten den Zusammenschluss zweier kleinerer Gemeinden verfügten. Ende der 1960er-Jahre erlangte Kressbronn überregionale Bekanntheit, weil der damalige Bundeskanzler Kurt Georg Kiesinger hier gerne seinen Urlaub verbrachte und sich im »Kressbronner Kreis« mit führenden Politikern der damals regierenden Großen Koalition regelmäßig zu Gesprächen traf.

Heute ist Kressbronn vor allem ein Touristenort mit einem großen Yachthafen. Bei Besuchern wie Einheimischen gleichermaßen beliebt ist das Naturstrandbad an der Bodanstraße, gleich daneben können sich Mutige in einem Klettergarten (www.abenteuer park.com) austoben. Die Kabelhängebrücke über den Ortsfluss Argen wurde 1897 errichtet und gilt als wichtiges Baudenkmal, da sie deutschlandweit die älteste ihrer Art ist.

### MUSEEN UND GALERIEN

#### Hofanlage Milz

Im Ortsteil Retterschen liegt der Museumsbauernhof Milz. Die vier zwischen 1705 und 1855 erbauten Gebäude des Gehöftes geben einen guten Einblick in das Leben von Bodenseebauern in früheren Jahrhunderten.

Der Hof kann leider nur im Rahmen von – sehr lohnenden – Führungen, die einmal im Monat an einem Samstagnachmittag stattfinden, besichtigt werden.

Retterschen | Termine bei der Tourist Info Kressbronn; nach Anmeldung sind auch Führungen für Gruppen ab 10 Personen möglich | Eintritt 2 €, Kinder 1 €

#### Museum im Schlössle

Im 1829 erbauten Schlössle, das man durch den Schlösslepark erreicht, kann man während der Sommermonate Modelle von Prunkschiffen des einheimischen Bootsbauers und Künstlers Ivan Trtanj besichtigen. Sein besonderes Steckenpferd sind Lustschiffe und Prunkbarken europäischer Königshäuser aus dem Barock und Rokoko.

Seestr. 20 | www.historische-schiffs modelle.com | April–Sept. Di–So 10–12, 15–18 Uhr | Eintritt 3 €, Kinder 2 €

### ESSEN UND TRINKEN

#### Restaurant Meersalz ▸ S. 29

#### Weinrädle Fiegle

**Vesper mit Aussicht** – Wie alle Rädle-Wirtschaften sind die Öffnungszeiten auch hier auf wenige Wochen im Jahr begrenzt, doch wenn das ganz im Familienbetrieb geführte Weinrädle auf hat, sollte man sich ein leckeres Vesper mit hervorragendem Kartoffelsalat und eigenem Wein auf der sonnigen Hofterrasse oder in der gemütlichen Scheune nicht entgehen lassen. Dazu der Blick auf die Alpen und den See – mehr Urlaub geht nicht!

Zum Berger Weiher 7 | Tel. 0 75 43 67 05 | Mitte Mai–Mitte Juni, Mitte Okt.–Mitte Nov. tgl. ab 17, So und feiertags ab 15 Uhr

### EINKAUFEN

#### Steinhauser ▸ S. 42

### AKTIVITÄTEN

#### Jubiläumsweg Bodenseekreis

Am Bahnhof beginnt der 111 km lange Wanderweg »Jubiläumsweg Bodenseekreis«, der über sechs Etappen abseits des Sees zu den Sehenswürdigkeiten im Hinterland führt. Nach bereits 5 km erreicht man den Aussichtspunkt oberhalb des Schleinsees, der einen weiten Blick über den Bodensee bis hinüber zum 2502 m hohen Säntis im Appenzellerland gestattet. Ein lohnendes Ausflugsziel für einen ausgedehnten Spaziergang.

## SERVICE
AUSKUNFT
### Tourist Information Kressbronn
Hier erhalten Sie auch Informationen zur »Gästekarte Schwäbischer Bodensee«.
Im Bahnhof | www.kressbronn.de | Mai–Sept. Mo–Fr 8–18, Sa, So 10–12, Okt.–April Mo–Fr 8–12, 14–17 Uhr

### Baden und Träumen am Malereck
Den Namen »Malereck« hat die Bucht nicht von ungefähr. Viele Künstler haben den Blick hinüber auf die Alpen schon auf Leinwand gebannt. Machen Sie es ihnen nach und bringen Sie Ihr eigenes Meisterwerk mit nach Hause. Und Baden kann man an dem öffentlichen Strand am Malereck obendrein (▶ S. 12).

## LANGENARGEN  F 4
7700 Einwohner
Die barocke Stadtkirche St. Martin auf dem Marktplatz und das Schloss im maurischen Stil sind die beiden Wahrzeichen von Langenargen. Mit 750 Liegeplätzen verfügt der Ort über die zweitgrößte Marina am Bodensee – die größte befindet sich in Kressbronn.

## SEHENSWERTES
### Pfarrkirche St. Martin
Die um 1720 erbaute Kirche, die mit ihrem harmonisch-schlichten Äußeren das Ortszentrum von Langenargen prägt, birgt in ihrem Inneren barocke Kunstschätze und ist Teil der Oberschwäbischen Barockstraße. Beeindruckend sind der den gesamten Chorraum ausfüllende Hochaltar und die herrlichen Deckenfresken.
In den Sommermonaten werden morgens Kirchenführungen mit anschließendem Orgelkonzert angeboten – ein stimmungsvoller Start in den Tag.
Führungen Mai–Sept. Do 9.45 Uhr

### Schloss Montfort
»Die herrliche Ruine Montfort, auf einer Landzunge gelegen – die schönste, die ich je gesehen habe.« So beschrieb die Dichterin Annette von Droste-Hülshoff die Ruine Montfort. Der heutige Tourist kann diese allerdings nicht mehr sehen, denn an ihre Stelle ist das Schloss Montfort getreten, das im Auftrag des Königs von Württemberg zwischen 1861 und 1866 auf der Landspitze bei Langenargen erbaut wurde und heute als Restaurant und Tagungsort dient. Vom Turm des Schlosses genießt man einen weiten Blick über den See.
Mitte März–Okt. 10–12, 13–17, Juni–Sept. auch Mi 19 Uhr zum Abendrot | Eintritt 2 €, Kinder 1 €

## MUSEEN UND GALERIEN
### Kunstmuseum
Im ehemaligen Pfarrhof ist das Kunstmuseum untergebracht, das dem in Langenargen geborenen herausragenden Barockmaler Franz Anton Maulbertsch (1724–1796) einen eigenen

Das im maurischen Stil errichtete Schloss Montfort (▶ S. 74) ist Langenargens Wahrzeichen. Von ihm aus führt eine der längsten Uferpromenaden des Bodensees am Wasser entlang.

Raum widmet. Außerdem ist eine umfangreiche Sammlung des Matisse-Schülers Hans Purrmann (1880–1966) zu sehen.
Marktplatz 20 | www.museum-langenargen.de | Di–So 11–17 Uhr | Eintritt 4 €, Kinder frei

### ÜBERNACHTEN

#### Akzent-Hotel Löwen

**Am Hafen** − Über mangelnde Freundlichkeit kann man sich in dem familiengeführten Hotel nicht beklagen. Im Hotelrestaurant kredenzt man ausgezeichnete schwäbische Küche. Wer ständig erreichbar sein will, bedauert es: WLAN-Empfang nur in der Lobby.
Obere Seestr. 4 | Tel. 0 75 43 30 10 | www.loewen-langenargen.de | 27 Zimmer | 🐕 | €€

#### Schwedi ▶ S. 25

### SERVICE

AUSKUNFT

#### Tourist Information Langenargen

Obere Seestr. 1 | www.langenargen.de | Mai–Sept. Mo–Fr 9–18, Sa, So 9–12, Okt., März, April Mo–Do 9–12, 14–16, Fr 9–12, Nov.–Feb. Mo–Fr 9–12 Uhr

**Angeln und Grillen in schönster Natur** 2

Zwischen dem Eriskircher Freibad und dem Eriskircher Ried finden Angler ihr Glück. Den Fisch dürfen Sie auf dem ausgewiesenen Grillplatz auch gleich über dem Feuer braten, denn besser als selbst geangelt kann Fisch eigentlich gar nicht schmecken (▶ S. 12).

## Ziele in der Umgebung

### ERISKIRCH F3

4600 Einwohner

Im kleinen Ort Eriskirch lohnt ein Stopp in der Wallfahrtskirche Maria Himmelfahrt vom Beginn des 15. Jh, die vor allem wegen ihrer Wandmalereien bekannt ist. Verfehlen kann man das Gotteshaus nicht, denn der 60 m hohe spitze Turm ist schon von Weitem zu sehen.

Das Naturschutzzentrum befindet sich im ehemaligen Bahnhofsgebäude. Bevor man zu einer Wanderung ins Ried aufbricht, kann man sich hier über die Flora und Fauna der Region informieren und immer wieder sehenswerte Fotoausstellungen zum Thema bestaunen. Einzig ein Bad im Bodensee ist in Eriskirch weniger zu empfehlen, da hier der Fluss Schussen in den See mündet und das Wasser somit nicht ganz so rein ist.

Von Mitte Mai bis Anfang Juni leuchtet das Eriskircher Ried in faszinierendem Blau, denn nun blühen hier an die tausend Sibirische Schwertlilien, die auch am Bodensee heimisch sind.

4 km nordwestl. von Langenargen

Im Schlafgemach der Gräfin steht ein reich mit Intarsien verziertes barockes Kinderbett (rechts) – einer der Schätze des Tettnanger Neuen Schlosses (▶ S. 77).

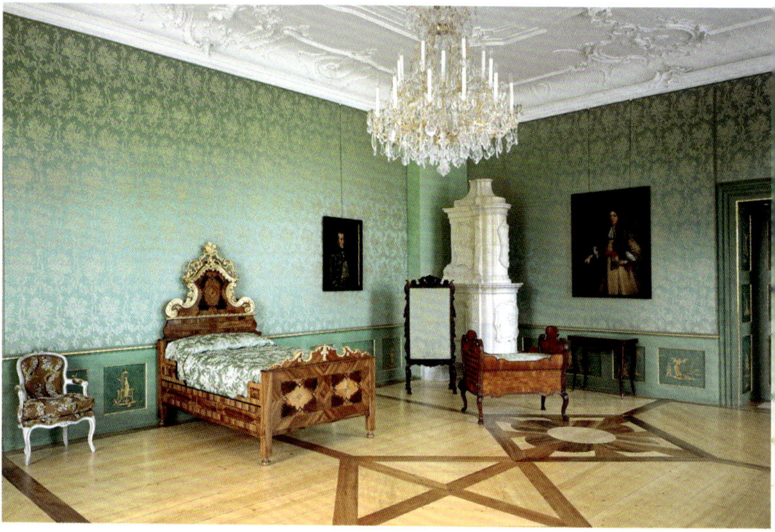

## ◎ TETTNANG  🔺 F/G 3
18 100 Einwohner

Tettnang liegt in unmittelbarer Nachbarschaft von Friedrichshafen knapp 10 km vom Bodensee entfernt. Von den höheren Lagen des Ortes kann man aber immer noch einen Blick aufs Schwäbische Meer erhaschen. Weit schweift der Blick auch hinüber zu den Alpenkämmen der Schweiz und Österreichs.

10 km nördl. von Langenargen

### SEHENSWERTES

#### Neues Schloss

Tettnang war die Heimat der Grafen von Montfort. Die besaßen dort im 18. Jh. zwar bereits ein Schloss, doch das erschien Graf Anton III. von Montfort (1670–1733) nicht prächtig genug. Geld zum Bau eines neuen Schlosses hatte der Graf aber keines, und deswegen griff er zu fragwürdigen Methoden, um seinen Traum zu finanzieren. Er ließ einfach immer mehr und mehr Münzen prägen – die verzweifelte Aktion war natürlich etwas blauäugig, denn je mehr Münzen er anfertigen ließ, desto weniger wert wurden sie. Als Konsequenz brach der Geldverkehr in ganz Süddeutschland zusammen. Schließlich hatte der Graf jedoch genug Geld zum Schlossbau zusammen, und die gräfliche Entschlossenheit hat sich gelohnt: Das Neue Schloss Tettnang zählt zu den schönsten Schlössern Oberschwabens und zu den bedeutendsten Gebäuden aus der Zeit des Barock. Den künstlerischen Reichtum des Gebäudes machen vor allem die Stuckarbeiten aus. Der Weingott Bacchus ist der Namensgeber für den großen Saal, in dem die Montforts ihre Feste feierten. Die Gottheit ist auch persönlich »anwesend«, in Form einer Figur an einer Seite des Raumes. Originell und gleichzeitig praktisch: Das Fass, auf dem der Gott des Weines sitzt, ist eigentlich ein Ofen, der vom Nebenraum aus beheizt werden konnte. Besichtigung der Prunkräume nur im Rahmen einer Führung; die Korridore, das Treppenhaus und der Innenhof des Schlosses sind aber frei zugänglich.

www.schloss-tettnang.de | Führungen April, Okt. tgl. 14.30, Mai–Sept. tgl. 14.30, 16, Juli–Aug. zusätzlich Mi–Fr 10.30 Uhr | Eintritt 6 €, Kinder 3 €

### SERVICE
AUSKUNFT

#### Tourist Info Büro Tettnang
Montfortstr. 41 | Mai–Sept. Mo–Fr 9–13, 14–18, Sa 10–12, Okt.–April 9–13, 14–17 Uhr

# FRIEDRICHSHAFEN  🔺 F 3
Stadtplan ▶ S. 79
58 000 Einwohner

Eine Schönheit ist Friedrichshafen nicht; eine heimelige Altstadt mit romantischen Fachwerkhäusern sucht man vergebens. In der nach Konstanz zweitgrößten Stadt am Bodensee regiert die Industrie, und weil dies auch früher schon so gewesen ist, war die Stadt während des Zweiten Weltkriegs ein bevorzugtes Ziel alliierter Bombenangriffe. Die Firma Zeppelin fertigte damals u. a. Teile für die V2-Raketen der Nazis an, mit denen Ziele in Großbritannien angegriffen wurden, die Maybach-Motorenwerke stellten Motoren für die Panzer der Wehrmacht her, die Zahnradfabrik AG fertigte Getriebe für schwere Militärfahrzeuge und die Dornier-Werke Flugzeuge für

Hitlers Luftwaffe. Viele Zwangsarbeiter, die hier schuften mussten, kamen aus dem KZ Dachau, das ein Außenlager in Friedrichshafen hatte. Ab Juni 1943 flogen die Alliierten schließlich Angriffe auf die militärischen Produktionsstätten in Friedrichshafen. Der folgenschwerste fand in der Nacht zum 28. April 1944 statt, ihm fiel der Kern der Altstadt zum Opfer. Mit Ende des Zweiten Weltkriegs war Friedrichshafen zu zwei Dritteln zerstört und musste in den 1950er-Jahren nahezu komplett neu aufgebaut werden.

Friedrichshafen lohnt trotz des Gesagten einen Besuch – zunächst einmal kann die Stadt auf einige ausgezeichnete Museen stolz sein, zudem entfaltet auch hier eine lange Uferpromenade ihren Charme, und nicht zuletzt kann man in einigen durchaus vielversprechenden Restaurants gut essen gehen.

---

# Wollen Sie's wagen?

*Ob man selbst das Zeug zum Piloten hat, findet man jeden Sonntag zwischen 14 und 16 Uhr im Dornier Museum heraus. Dann nimmt einen ein Fluglehrer mit zu einem 15-minütigen »Flug« im Simulator. Aber Achtung: Schon mancher Flug ist hier mit einem Absturz geendet.* Vorausbuchung nötig | Extrakosten zzgl. zum Eintritt 12 €

---

## SEHENSWERTES

###  Schlosskirche

Die zwischen 1695 und 1702 erbaute barocke Schlosskirche mit den beiden knapp 55 m hohen Türmen ist das Wahrzeichen der Stadt. Im Inneren lohnen die Stuckarbeiten von Johann (1642–1701) und Franz Xaver Schmuzer (1713–1755), die beide zu führenden Vertretern der »Wessobrunner Schule« gehörten.

An der Schlosskirche beginnt der Wanderweg zum Eriskircher Ried, in dem seltene Pflanzen- und Vogelarten ein Rückzugsgebiet finden. www.schlosskirche-fn.de | April–Okt. Mo, Di, Do, Sa, So 9–18, Mi 14.30–18, Fr 11–18 Uhr

## MUSEEN UND GALERIEN

### Dornier Museum ▶ S. 79, nordöstl. f1

Für Flugzeugfans hat der Name Dornier einen großen Klang. Der Flugzeughersteller vom Bodensee hat die Geschichte der Luftfahrt entscheidend mitgeprägt. 1929 beispielsweise nahm man die Serienproduktion des zwölfmotorigen Flugboots Do-X auf, dem damals bei Weitem größten Passagierflugzeug der Welt. Dieses und viele andere Dornierflugzeuge kann man in der Ausstellung bewundern. Claude-Dornier-Platz 1 (am Flughafen) | www.dorniermuseum.de | Mai–Okt. tgl. 9–18, Nov.–April Di–So 10–17 Uhr | Eintritt 9 €, Kinder 4,50 €

### ② Schulmuseum

In unterschiedlichen Ausstellungsräumen werden auf drei Stockwerken Klassenzimmer von 1850, 1900 und 1930 ausgestellt. Man erfährt, wie der Lehrer die Schüler in den verschiedenen Jahrhunderten für kleine und größere Vergehen bestrafte – so setzte es beispielsweise früher schon Prügel, wenn der Griffel auf der Schiefertafel quietschte. Ein besonderer Schwer-

Friedrichshafen

© MERIAN-Kartographie

0 ___ 300 m

Retro-Feeling mit Vogelperspektive - die begehbare Rekonstruktion der »Hindenburg«, des »Luxusliners der Lüfte«, im Zeppelinmuseum ( ▶ MERIAN TopTen, S. 80) macht's möglich.

punkt liegt auf dem Thema »Schule im Nationalsozialismus«.

Friedrichstr. 14 | www.schulmuseum-fn. de | April–Okt. tgl. 10–17, Nov.–März Di–So 14–17 Uhr | Eintritt 3,50 €, Kinder 1,50 €

⭐ **Zeppelinmuseum**

Friedrichshafen ist Deutschlands »Zeppelinstadt«. Das Zeppelinmuseum bietet den Besuchern die weltgrößte Ausstellung zur Geschichte der Luftschifffahrt. Da sich das Haus des Themas »Kunst und Technik« annimmt, finden parallel Ausstellungen statt, in denen es Einblicke in seine

Kunstsammlung gewährt, u. a. besitzt es zahlreiche Werke von Otto Dix. Das Gebäude im Bauhausstil, in dem seit 1996 das Museum untergebracht ist, war 1933 fertiggestellt worden und diente zunächst als Hafenbahnhof.

Das Museum erzählt die Entwicklung der Luftfahrt von ihren Anfängen bis heute. Hauptaugenmerk richtet die Ausstellung auf die Hochzeiten der Zeppeline in den 1930er-Jahren. Entsprechend bildet der Nachbau in Originalgröße eines halben Passagierdecks des Luftschiffes LZ 129 »Hindenburg« – des Zeppelins, der bei der

Landung in Lakehurst in Flammen aufging – das Herzstück der Ausstellung. Beeindruckend ist dessen Größe, besonders wenn man bedenkt, dass natürlich nur ein Bruchteil des insgesamt 236,6 m langen Megaluftschiffs nachgebaut werden konnte.

Eine Besichtigung der Zeppelinwerft, des 110 m langen und 34 m hohen Hangars des neuen Zeppelins NT oder gar ein Rundflug über den Bodensee sind daher die perfekte Ergänzung zum Besuch des Zeppelinmuseums.

Seestr. 22 | www.zeppelin-museum.de | Mai–Okt. tgl. 9–17, Nov.–April Di–So 10–17 Uhr | Eintritt 8 € (ab 16 Uhr 4,50 €), Kinder 3 € | Werftbesichtigung März–Okt. Di–Fr 16 Uhr (Anmeldung erforderlich unter Tel. 0 75 41/5 90 03 43) | Eintritt 9 €, Schüler 5 € | Rundflug buchbar unter www.zeppelinflug.de | 30 Min. 200 €, 60 Min. 395 €

## ÜBERNACHTEN

### Hotel Knoblauch ▶ S. 79, nördl. d 1

**Luxus für Autofahrer** – Schick eingerichtete, geräumige Zimmer, kostenloses WLAN und eine großzügige Sauna mit Außenbereich. Das Knoblauch liegt etwas außerhalb, bietet seinen Gästen aber kostenlose Parkplätze und ist somit das perfekte Hotel für Reisende mit Auto. Es liegt direkt an einer Hauptstraße, deswegen Zimmer auf der Gartenseite buchen.

Jettenhausener Str. 30–32 | Tel. 0 75 41 60 70 | www.hotel-knoblauch.de | 63 Zimmer | 🐾 | €€–€€€

### ③ SEEHotel

**Zentral** – Modernes Hotel mit Schwerpunkt auf Businessreisende, in dem sich aber auch Urlauber wohlfühlen.

Ideale Lage am Bahnhof, am Rande des Zentrums und in unmittelbarer Seenähe. Helle, zweckmäßig eingerichtete Zimmer, kostenloses WLAN. Parkmöglichkeiten im Parkhaus nebenan mit direkter Verbindung zum Hotel.

Bahnhofplatz 2 | Tel. 0 74 51 30 30 | www.seehotelfn.de | 132 Zimmer | ♿ | 🐾 | €€

## ESSEN UND TRINKEN

### Traube am See ▶ S. 30

### Zeppelin Hangar FN ▶ S. 79, nordöstl. f 1

**Kulinarischer Höhenflug** – Das Restaurant liegt außerhalb des Zentrums, am Startplatz der Zeppeline, und ist deswegen der ideale Ort, um sich nach einem Rundflug noch ein wenig weiter zu verwöhnen. Die Küche kombiniert Internationales mit Lokalem. Fleischliebhabern sei der Rostbraten oder der Hirsch ans Herz gelegt. Einen Genuss fürs Auge bieten nicht nur die ansprechend angerichteten Speisen, sondern auch das modern und schnörkellos gestaltete Ambiente und der Blick hinaus auf startende und landende Flugzeuge. Von 11.30–13 Uhr wird ein günstiger Businesslunch angeboten.

Allmannsweiler Str. 134 (an der Rückseite des Flughafens, deswegen nicht der Ausschilderung dorthin folgen) | Tel. 07 54 17 00 58 68 | www.zeppelin-hangar-fn.de | tgl. 11–22 Uhr | €€–€€€

## SERVICE

AUSKUNFT

### Tourist Information Friedrichshafen

Bahnhofplatz 2 | www.friedrichshafen.info | Mai–Sept. Mo–Fr 9–18, Sa 9–13, April, Okt. Mo–Do 9–12, 14–17, Fr 9–12, Nov.–März Mo–Do 9–12, 14–16, Fr 9–12 Uhr

# Im Fokus
## Die Luftschiffe vom Bodensee

*Wer an Zeppeline denkt, denkt automatisch auch an den Bodensee. Denn hier lag und liegt das Zentrum der deutschen Luftschifffahrt. Und es gibt wohl kaum einen Sonnentag, an dem man heute keinen der Luftriesen über dem See schweben sieht.*

»Zeppeline waren Starrluftschiffe aus deutscher Produktion, die nach ihrem Erfinder Ferdinand Graf von Zeppelin benannt wurden.« So steht es in Wikipedia und jedem Lexikon. Ganz richtig ist das aber nicht. Das erste Starrluftschiff der Welt war nämlich eine Konstruktion des deutsch-ungarischen Luftfahrtpioniers David Schwarz (1850–1897). Es hob am 3. November 1897 vom Berliner Flughafen Tempelhof ab und erreichte immerhin eine Höhe von 400 m. Den Jungfernflug erlebte Schwarz nicht mehr, er erlag genau an dem Tag, an dem sein Luftschiff in den Himmel stieg, in Budapest einem Herzversagen. Wäre Schwarz nicht schon im Alter von 47 Jahre gestorben und hätte an seinem Projekt weiterarbeiten können, wer weiß, vielleicht würde man die fliegenden Zigarren heute »Schwarze« nennen.

Aber es brauchte noch einen weiteren Zufall, um Zeppelin zum Luftschiffpionier werden zu lassen. Ein Streit um die Organisation des Heeres führte 1890 dazu, dass Ferdinand Graf von Zeppelin, General der Kaval-

◀ Eine unzertrennliche Liaison: Zeppelin
über Friedrichshafen.

lerie, im Alter von nur 52 Jahren aus der Armee ausschied und sich fortan
einzig der Entwicklung seiner Luftschiffe widmete. Etwas zugespitzt
könnte man sagen, dass die Luftschifffahrt das Ruhestandsprojekt eines
viel zu früh pensionierten Generals war. Begeistert hatte sich der Graf
aber schon früher für die Luftfahrt. Und sogar der Tag lässt sich fest-
machen, an dem diese Besessenheit begann. Zeppelin war Militärbeob-
achter im amerikanischen Sezessionskrieg. Am 30. April 1863 nahm er
dort an einem militärischen Ballonflug der Nordstaatenarmee teil. Das
Erlebnis des Fliegens faszinierte ihn, gleichzeitig erkannte er sofort die
Schwächen des Fluggeräts: Man konnte es nicht steuern, es flog dahin,
wohin es der Wind trieb. Für einen schneidigen Militär wie Zeppelin war
das keine schöne Vorstellung. Von da an gab es das »Gedankenprojekt«
lenkbares Luftschiff.

## ZEPPELIN ALS KRIEGSPROJEKT

1887 stellte Zeppelin seine Denkschrift mit dem Titel »Notwendigkeit der
Lenkballone«, insbesondere im Hinblick auf ihren Einsatz im Krieg, vor.
Dem Feind Bomben auf den Kopf werfen zu können, fand man auch in
den höchsten Kreisen durchaus interessant. Und deswegen setzte der Kaiser eine Sachverständigenkommission ein, besetzt mit den besten deutschen Wissenschaftlern jener Tage. Die aber riet dem Kriegsministerium
von der Förderung des Projekts ab, und so hatte Zeppelin zwar viel Zeit
und gute Ideen, aber kein Geld, um diese umzusetzen.

## ERST VERSPOTTET, DANN VEREHRT

Zeppelins Traum vom Luftschiff wurde verspottet. Den »Narr vom
Bodensee« nannte man den gebürtigen Konstanzer, und Kaiser Wil-
helm II. bezeichnete ihn gar als den »Dümmsten aller Süddeutschen«.
Zeppelin aber gab nicht auf und sammelte mühsam Geld für den Bau des
ersten Luftschiffs. Er selbst sagte damals: »Für mich steht naturgemäß
niemand ein, weil keiner den Sprung ins Dunkel wagen will. Aber mein
Ziel ist klar, und meine Berechnungen sind richtig.«
Die Montage des ersten Zeppelin-Starrluftschiffs begann 1899 in einer
schwimmenden Montagehalle in der Bucht von Manzell bei Friedrichshafen. Und in den Abendstunden des 2. Juli 1900 war es dann endlich so
weit: Unter den Augen von etwa 12 000 Zuschauern stieg der erste Zeppe-

lin in den Himmel. Die Fahrt dauerte zwar nur 18 Minuten und endete mit einer Notlandung, aber der Graf hatte bewiesen, dass seine Luftschiffe fliegen können. Erst hatten ihn alle für einen Spinner gehalten, jetzt war Zeppelin ein Volksheld – ganz Deutschland war im Luftschiffrausch. Der Kaiser, ja genau der, der Zeppelin noch wenige Jahre zuvor als den Dümmsten aller Süddeutschen verspottet hatte, verlieh dem Grafen den Roten Adlerorden, den zweithöchsten Orden, den der preußische Staat zu vergeben hatte. Den Bau der nächsten Luftschiffe finanzierte Zeppelin durch eine Lotterie, die Geldnöte blieben trotzdem.

## DIE ZEPPELINSPENDE

Ironischerweise war es dann ein Unfall, der die Finanzierung der Luftschifffahrt sicherte. Am 4. August 1908 startete der Zeppelin LZ 4 zu einer 24-Stunden-Fahrt von Friedrichshafen nach Mainz und zurück. Auf der Rückfahrt hatte er einen Motorschaden und musste zur Reparatur notlanden. Eigentlich nichts Schwerwiegendes, doch eine Windböe erfasste das Luftschiff nach der Landung, schleuderte es gegen einen Baum – es explodierte. Der Lebenstraum des Grafen war innerhalb von Sekunden zerstört. Zwar wurde niemand ernsthaft verletzt, doch Zeppelin stand vor dem finanziellen Ruin. Der Unfall aber löste im ganzen Land eine ungeahnte Welle der Hilfsbereitschaft aus. Die Luftschiffe waren inzwischen Symbol für ein starkes Deutschland geworden, ihr Weiterfliegen war nun eine Frage des Nationalstolzes. In einer gigantischen Spendenaktion, der größten, die je im Kaiserreich durchgeführt wurde, sammelte man 6 Mio. Mark ein – nach heutigem Wert etwa 34 Mio. Euro. Durch die »Zeppelinspende« war der Fortbestand der deutschen Luftschifffahrt auf Jahre hinaus gesichert.

## ZEPPELIN IM AUFWÄRTSFLUG

Zeppelin selbst bezeichnete den 5. August 1908 – den Tag, als der LZ 4 in Flammen aufging – als »die Geburtsstunde der nationalen Luftschifffahrt in Deutschland«. Das Geld war jetzt da, und man brauchte es auch dringend für die Entwicklung. Die Zeppeline waren nämlich technisch noch lange nicht ausgereift. Zwölf der 19 vor 1913 erbauten Luftschiffe wurden bei Unglücken zerstört.

Ende der 1920er-Jahre begann dann die Hochzeit der Zeppeline. Die aber erlebte der Namensgeber nicht mehr mit. Er starb 1917 in Berlin. So blieb ihm aber auch die größte Katastrophe und das damit verbundene Ende der kommerziellen Luftschifffahrt erspart – der Absturz der »Hindenburg«, die im Mai 1937 bei der Landung in Lakehurst in Flammen aufging und zum Grab für 36 Menschen wurde.

Kaum hörbar surrt der Motor des Zeppelins NT. NT steht für »neue Technologie«. An der Strandpromenade in Friedrichshafen recken sich die Köpfe nach oben, wenn das weiße Luftschiff über dem See auftaucht. Seit 1997 dreht es hier seine Runden. Beeindruckende 75 m ist es lang und damit noch 4 m länger als die Boeing 747, der Jumbo Jet. Ein Riese also – und doch ein Zwerg verglichen mit der »Hindenburg«. Die war 246,7 m lang und machte damit der Bezeichnung Luftschiff alle Ehre. Selbst die legendäre »Titanic« war mit 269 m nur unwesentlich länger.

## AUSFLUGSDAMPFER DER LÜFTE

Heute starten Luftschiffe nur noch zu wissenschaftlichen oder touristischen Zwecken und um als fliegende Litfaßsäulen zu dienen. Je zehn Passagiere können sich in Friedrichshafen zu einem Flug einbuchen und den See und seine Umgebung aus 300 m Höhe erleben, perfekt, um spektakuläre Fotos zu schießen. Höher braucht man nicht – könnte man aber. Denn der NT kann auf maximal 2600 m steigen und mit 125 km/h durch die Lüfte »rasen«. Bei Rundflügen geht man es ruhiger an, da liegt die Höchstgeschwindigkeit bei 70 km/h – Luftschiffpassagiere haben Zeit. Trotz seiner Größe ist der Zeppelin NT ein Leichtgewicht: Gut eine Tonne wiegt er, ein Elefantenbulle ist fünfmal so schwer. Und der fast gleichgroße Jumbo Jet bringt es auf 177 Tonnen – Leergewicht, wohlgemerkt. Den Grafen Zeppelin würde es sicher trösten, wüsste er, dass die Luftschiffe in seiner Heimat überlebt haben und heute bei der großen Bodenseetour auch die Stadt überfliegen, in der er geboren wurde: Konstanz.

### ZEPPELIN RUND UM DEN BODENSEE

In Friedrichshafen und Meersburg befinden sich **Zeppelinmuseen** (www.zeppelin-museum.de bzw. www.zeppelin-museum.com).

Im **Schloss Girsberg** in Emmishofen, heute ein Stadtteil von Kreuzlingen, war die Familie Zeppelin zu Hause. Im Puppenmuseum des Schlosses kann man auch einen Raum mit Erinne-rungsstücken der Familie Zeppelin besichtigen (www.schloss-girsberg.ch).

**Zeppelindenkmäler** findet man an der Uferpromenade in Friedrichshafen (www.friedrichshafen.info/sehenswuerdigkeiten/zeppelin-brunnen-denkmal) und am Gondelhafen von Konstanz.

Wer den Bodensee von oben betrachten möchte, kann sich auf einen **Rundflug** mit dem Zeppelin NT machen (www.zeppelinflug.de).

# VON IMMENSTAAD
# ZUM ÜBERLINGER SEE

*Spektakuläres findet man im Nordwestteil des Bodensees:*
*Die Pfahlbauten von Unteruhldingen, die prachtvolle Barockkirche*
*von Birnau und die Altstadt von Überlingen. Nicht zu vergessen*
*die Meersburg – ein Wahrzeichen für die ganze Region.*

Als Überlinger See bezeichnet man den nordwestlichen Teil des Bodensees, der ihn dort in der Form eines Fingers verlängert. Der kleine Wurm-
fortsatz entstand während der letzten Eiszeit, als das restliche Gebiet des
heutigen Bodensees noch von Gletschern bedeckt war. Als die Gletscher-
zunge allmählich abschmolz, bildete sich der Überlinger See aus dem
Schmelzwasser.
Der wichtigste Ort der Region ist auch Namensgeber des Sees: Überlingen, einst die reichste Stadt am gesamten See. Das kann man immer
noch erahnen, wenn man durch die Altstadt mit ihren reich verzierten
Häusern spaziert. In der Greth, dem alten Handelshaus und Kornlager
am Landungssteg, sind heute Restaurants und Geschäfte untergebracht.

◄ Faszinierende Frühgeschichte: Pfahlbaumuseum Unteruhldingen (▶ MERIAN TopTen, S. 93).

Meersburg, mit der gleichnamigen
Burg und dem Neuen Schloss, ist
Droste-Hülshoff-Stadt. Die Dichterin lebte von 1841 bis zu ihrem Tod
1848 in der Burg. Auch für ihren
Wein sind die Meersburger bekannt. Hoch oben in der Oberstadt
thront in unmittelbarer Nachbarschaft zum Neuen Schloss das Staatsweingut. Hier kann man Weine kaufen, die auf den bevorzugten Lagen
der ehemaligen Fürstbischöfe von Konstanz wachsen. Wer sich genauer
darüber informieren will, meldet sich zu Weinproben und -seminaren an.

## SEHENSWERTE BAUTEN JEDWEDER COULEUR

Zwischen Überlingen und Meersburg passiert man zwei der größten Sehenswürdigkeiten am See: die prunkvolle **Barockkirche von Birnau**
und das **Pfahlbaumuseum von Unteruhldingen** ⭐. Beides sind abso-
lute Must-Sees für jeden Bodenseebesucher.
Ein Ausflug, der einen ein paar Kilometer weg vom See bringt, führt nach
Schloss Salem – bekannt für seine Internatsschule, auf die vorzugsweise
die Reichen, Adligen und Berühmten ihre Kinder schicken. Sophia, die
heutige Königin von Spanien, drückte in Salem ebenso die Schulbank wie
Prinz Philip, der Gemahl der britischen Königin Elisabeth.

# IMMENSTAAD  ⚑ E3
6300 Einwohner

Das Wein- und Obstanbaudorf ist ein
beliebter Urlaubsort. Die Ortssilhouet-
te wird von der spätgotischen Pfarrkirche St. Jodokus dominiert. Das Gotteshaus mit dem mächtigen Wehrturm
stammt aus dem späten 15. Jh.

## SEHENSWERTES

### Apfelweg
Im Immenstaader Ortsteil Kippen-
hausen beginnt der 6 km lange Apfel-

weg, der abseits des Sees durchs
Hinterland führt und anhand von
21 Informationstafeln Einblick in den
Obstanbau der Region gewährt.
Wegen der einmaligen Aussicht über
den Bodensee lohnt der Abstecher zum
Hohberg auf 454 m.

### ESSEN UND TRINKEN

### Seehof
**Fein für Fisch** – Hausmannskost und
Bodenseefisch in der Gourmetvariante.
Ausgezeichnete Weinkarte. Im Hotel

wohnt man in renovierten, gemütlichen Zimmern.

Am Yachthafen (im Navi Bachstr. 15 eingeben) | Tel. 07 54 59 36 60 | www. seehof-hotel.de | €€–€€€

### Zum Puppenhaus

Gemütliches Tagescafé für Süßmäulchen mit ausgezeichneten hausgemachten Kuchen. Vermietung von Ferienwohnungen.

Kirchbergerstr. 15 | Tel. 07 54 59 01 09 22 | tgl. 11–18 Uhr (in der Nebensaison meist nur am Wochenende)

### SERVICE

AUSKUNFT

### Tourist Information

Dr. Zimmermann-Str. 1 | www.immenstaad.de | Mai–Sept. Mo–Fr 9–12.30, 13.30–18, Sa, So 9.30–12.30 (Juli, Aug. auch 13.30–17 Uhr), Okt.–April Mo–Fr 9–12, Di 14–17 Uhr

## HAGNAU ⚓ E3

1400 Einwohner

Weinbau und Fischerei haben die Geschichte Hagnaus bestimmt. Während Wein immer noch eine wichtige Einnahmequelle ist, hat der Fischfang an Bedeutung fast völlig verloren. Hauptberufliche Fischer gibt es in dem Ort keine mehr. Zunehmend wichtiger wird dagegen der Tourismus. Die Winzergenossenschaft Hagnau ist die älteste in Baden und gleichzeitig die größte am Bodensee.

Vom Rathaus aus erreicht man nach einem kurzen Fußmarsch die 473 m hohe Wilhelmshöhe, einen Aussichtspunkt, von dem man hinaus auf den See und hinüber zu den Schweizer Alpen blickt. Wer will, kann von hier

aus auf einem 13,5 km langen Rundweg, dem Hagnauer Obst- und Weinwanderweg, nach Immenstaad und zurück weitergehen.

### MUSEEN UND GALERIEN

### Hagnauer Museum

Das kleine Heimatmuseum zeigt Fundstücke aus einer Pfahlbausiedlung bei Hagnau, informiert über die Geschichte des Weinbaus in der Region und zeigt Fotos von der Seegfröre 1963, als der Bodensee das letzte Mal komplett zugefroren war.

Im Hof 5 | www.hagnauer-museum. de | Mai–Sept. Do 16–18.30, So 15–17.30 Uhr | Eintritt 3 €, Kinder frei

### ÜBERNACHTEN

### Hotel zur Winzerstube

**Seezugang** – Das Hotel liegt direkt am See mit Wasserzugang vom Garten aus. Freundlicher Service und (fast) alle Zimmer mit Balkon. Kostenloses WLAN. Das Restaurant bietet eine Terrasse mit Seeblick und, falls die Fischer erfolgreich waren, fangfrischen Fisch.

Seestr. 1 | Tel. 07 53 24 94 86 0 | www. zur-winzerstube.de/hotel.html | Dez.–März geschl. | 28 Zimmer | €€€

### EINKAUFEN

### Winzerhaus

Im Winzerhaus des Hagnauer Winzervereins kann man alle Hagnauer Weine verkosten und natürlich auch kaufen. Unbedingt probieren: Das Hagnauer Torkelwasser, ein Weinbrand aus vollreifen Burgundertrauben, der sechs Jahre lang in ehemaligen Rotwein-Barrique-Fässern gereift ist. Dienstags um 19 Uhr und donnerstags um 17 Uhr finden die Kellerführungen mit anschließender Weinprobe statt. Anmeldung erforderlich.

Strandbadstr. 7 | Tel. 0 75 32 10 30 | www.hagnauer.de | Mo–Fr 8–18, Sa 9–18, Nov.–März nur bis 16 Uhr

### SERVICE

AUSKUNFT

**Tourist Information Hagnau**

Im Hof 1 | www.hagnau.de | Mo–Fr 9–12 Uhr

## MEERSBURG  E3

Stadtplan ▶ S. 91

5600 Einwohner

Am Bodensee gedeihen Trauben für wunderbare Weine. Viele davon an den sonnigen Hängen in und um Meersburg. Einst haben hier die Konstanzer Fürstbischöfe die besten Lagen in Besitz genommen und ein Weingut betrieben. Dieses ist heute Staatsweingut und im Besitz des Landes Baden-Württemberg. Die Önologen unserer Zeit bieten Weine, von deren Qualität die hohen geistlichen Herren vor über 200 Jahren nur haben träumen können. Das Weingut liegt in der Meersburger Oberstadt, und dort, hoch über dem See, thront auch das Alte Schloss. Die Dichterin Annette von Droste-Hülshoff (1797–1848) lebte hier von 1841 bis zu ihrem Tod mit Schwester und Schwager, einem Freiherrn von Laßberg, der das uralte Anwesen gekauft hatte.

Der See, das Licht und die Schönheit der Landschaft ringsum haben »die Droste« zu Dutzenden Gedichten inspiriert, die in der lesenswerten Sammlung »Meersburger Lieder« zusammengefasst sind.

Meersburgs Altstadt ist komplett autofrei. Seinen Wagen muss man schon vor dem Stadttor abstellen. Dafür kann man dann entspannt durch die Gassen bummeln.

Die Begeisterung der Dichterin wird jeder verstehen, der an einem sonnigen milden Tag nach Meersburg kommt. Und das tun bei schönem Wetter Tausende. Besucher müssen, sofern sie mit dem Auto anreisen, zunächst einmal die Nerven bewahren und eine freie Lücke auf dem Parkplatz am Stadtrand finden. Die Altstadt mit ihren pittoresken Fachwerkgassen ist autofrei. Der Parkplatzstress ist aber schnell vergessen, wenn man erst einmal einen Platz in einem der Cafés an der Uferpromenade ergattert hat und den weiten Blick über den See genießt.

Am westlichen Stadtrand ist das Seetor, ein Überbleibsel der alten Stadtbefestigung, der Eingang in die malerische Unterstadt mit den blumengeschmückten Fachwerkhäusern. Wer das Tor links liegen lässt, gelangt nach wenigen Schritten zur Seepromenade und nach einem kleinen Spaziergang zum Gredhaus. Es wurde um 1500 gebaut und diente rund 300 Jahre lang als Speicherplatz, vor allem für den wichtigen Kornhandel mit der Schweiz.

An der Hafeneinfahrt zieht die von Bildhauer Peter Lenk gestaltete »Magische Säule« die Blicke auf sich. Das Kunstwerk ist Meersburger Persönlichkeiten gewidmet. Das Konterfei der Dichterin Annette von Droste-Hülshoff findet sich ganz oben am Pfahl. Lenk hat »die Droste« als angreifende Möwe dargestellt und sich dabei offensichtlich von ihrer Gedichtzeile »zischend über das brandende Riff wie eine Möwe streifen« leiten lassen.

176 Stufen muss man erklimmen, um vom Hafen in die Oberstadt emporzusteigen. Oben liegen das Alte und das Neue Schloss, der von schönen Häusern umringte Marktplatz. An vielen Punkten genießt man einen weiten Blick über den See.

## SEHENSWERTES

### ❶ Altes Schloss

Der westliche Teil der Oberstadt wird vom Alten Schloss, das hier alle nur »die Meersburg« nennen, dominiert. Der Kern der Burg stammt vermutlich noch aus dem 7. Jh., aus der Merowingerzeit. Im 13. Jh. machten die Konstanzer Fürstbischöfe die Burg zu ihrem Sommersitz, 1526 zur ständigen Residenz. 1803 wurde das Anwesen verstaatlicht und 1837 an den Freiherrn von Laßberg verkauft.

Noch heute ist sie in Privatbesitz. Besucher können hinter den dicken Mauern Waffenhalle, Wehrgang, Verlies, Rittersaal sowie etliche Gemächer, darunter die der Annette von Droste-Hülshoff, besichtigen.

Schlossplatz 1 | März–Okt. tgl. 9–18.30, Nov.–Feb. 10–18 Uhr | Eintritt 9,50 €, Kinder 5,50 €, Turmbesichtigung 2,50 € zusätzlich

### ❷ Neues Schloss

Im 18. Jh. meinten die Fürstbischöfe, in der alten Meersburg nicht mehr standesgemäß repräsentieren zu können, und beauftragten u.a. den berühmten Baumeister Balthasar Neumann mit den Entwürfen für das Neue Schloss.

Heute kann man im Inneren dem prunkvollen Lebensstil der geistlichen Herren nachspüren und Festsaal, Gemächer sowie das Porzellan- und das kuriose Naturalienkabinett bestaunen.

Schlossplatz 12 | Ostern–Okt. tgl. 9–18.30 Uhr | Eintritt 5 €, Kinder 2,50 €

## MUSEEN UND GALERIEN

### ❸ Bibelgalerie Meersburg

Im ehemaligen Dominikanerinnen-
kloster findet man ein hervorragend
aufgebautes und begeisterndes Erleb-
nismuseum zum Thema »Welt der Bi-
bel«. Interessantes über das Buch der
Bücher selbst, aber auch z. B. über das
Leben der Nomaden, wird den Besuchern hier vermittelt.

Der Kräutergarten im Innenhof ist ein
schöner Ort für eine kleine Pause.

Kirchstr. 4 | www.bibelgalerie-
meersburg.de | Ende März–Anfang Nov.
Di–Sa 11–13, 14–17, So und feiertags 14–
17 Uhr

### ❹ Droste-Hülshoff Museum im Fürstenhäusle

1843 erwarb die Dichterin das Meersburger Fürstenhäusle mitsamt dazu-
gehörigem Weinberg. Gewohnt hat sie
hier nie, aber gelegentlich – bei schöns-
tem Ausblick – an ihrem Biedermeier-
sekretär gearbeitet.

Schon seit 1924 bringt ein kleines, aber
feines Museum im Fürstenhäusle Besuchern die dichtende Freifrau und ihr
romantisches Werk näher.

Stettner Str. 11 | www.fuerstenhaeusle.
de | April–Ende Okt. Mo–Sa 10–12.30, 14–
18, So 14–18 Uhr | Erwachsene 5 €, Kin-
der 2,50 €

**5** **Omas Kaufhaus**

Sammler von historischem Spielzeug finden hier die Objekte ihrer Begierde. Kinder haben in der Schauanlage zwischen großem Puppenhaus und Spielzeugbahnen auch ihren Spaß.

Steigstr. 2 | Nov.–März Mo–Sa, April– Okt. tgl. 10–18.30 Uhr | Eintritt 2 €

### ÜBERNACHTEN

**6** **Hotel Zum Schiff**

**Eins-a-Lage** – Die Zimmer des Drei-Sterne-Hauses versprühen lediglich durchschnittlichen Charme, auf der Seeseite bieten sie dafür tolle Aussicht. Fragen Sie nach Zimmer Nr. 6, das einzige, das einen Balkon direkt über der Uferpromenade hat. Beste Aussicht bietet das Restaurant, wo auch ein sehr gut bestücktes Frühstücksbuffet auf die Gäste wartet.

Bismarckplatz 5 | Tel. 07 53 24 50 00 | www.hotelzumschiff.de | 55 Zimmer | 🐕 | €€

---

**Nachts auf der Fähre** **3**

Unternehmen Sie doch mal eine Kreuzfahrt unterm Sternenhimmel – 15 Minuten braucht das Schiff für eine Überfahrt von Meersburg nach Konstanz. Nach einem Bummel an der Hafenpromenade fahren Sie wieder zurück. Ein berauschendes Gefühl ist es auch, den Sonnenaufgang auf dem Wasser zu erleben (▸ S. 13).

---

### ESSEN UND TRINKEN

**7** **Zum Bären**

**Mit langer Geschichte** – Der älteste Gasthof Meersburgs bewirtet schon seit dem 13. Jh. Gäste und ist seit nun über 150 Jahren in der Hand der selben Wirtsfamilie. Heute sitzt man in der urgemütlichen Kachelofenstube und lässt sich Bodenseefisch und oberschwäbische Spezialitäten schmecken.

Marktplatz 11 | Tel. 07 53 24 32 20 | www. baeren-meersburg.de | Mitte März– Anfang Nov. Di–So 12–14, 18–21 Uhr | €–€€

### EINKAUFEN

**8** **Staatsweingut Meersburg** ▸ S. 42

**Weingut Aufricht** ▸ S. 43

### AKTIVITÄTEN

**Meersburg Therme**

▸ S. 91, südöstl. c 3

Hier gibt es alles, was man sich von einer Wellnessinsel wünschen kann, von der Sauna bis zum Thermalbecken mit See- und Alpenblick. Im Sommer können sich Badegäste auch im See abkühlen.

🕐 Zwei Stunden baden und Sauna genügt Ihnen? Dann kommen Sie doch nach 20 Uhr bei verbilligtem Eintritt.

Uferpromenade 12 | www.meersburg-therme.de | Mo (nur Damensauna)–Do 10–22, Fr 10–23, Sa, So 9–22 Uhr | Eintritt (2 Std./4 Std.) 9/12 €, Kinder 6,50/8,50 €

### SERVICE

AUSKUNFT

**Meersburg Tourismus**

Von April bis Oktober kann man sich immer sonntags auf den Spuren der Droste-Hülshoff durch Meersburg und durch das Museum im Fürstenhäusle führen lassen. Treffpunkt um 12 Uhr am Tourismusbüro, Preis 8 €.

Kirchstr. 4 | Mo–Fr 9–12, 14–16.30 Uhr | www.meersburg.de

# UHLDINGEN-MÜHLHOFEN  E3

7950 Einwohner

In der landwirtschaftlich geprägten Gemeinde, die aus den drei Teilorten Mühlhofen, Ober- und Unteruhldingen besteht, spielen Obst- und Weinanbau nebst dem Tourismus eine große Rolle; letzterer ist vor allem für Unteruhldingen von Bedeutung.

## SEHENSWERTES

### Reptilienhaus

Im Reptilienhaus finden vom Zoll beschlagnahmte Tiere, ausgesetzte Schlangen, Echsen und Schildkröten ein neues Zuhause in artgerecht und liebevoll eingerichteten Terrarien.

Ehbachstr. 4 | www.reptilienhaus.de | April–Okt. tgl. 9.30–18, Nov.–März Sa, So 11–17 Uhr | Eintritt 6 €, Kinder 3 €

## MUSEEN UND GALERIEN

### 3 Pfahlbaumuseum Unteruhldingen

Das Pfahlbaumuseum von Unteruhldingen steht seit 2011 auf der Weltkulturerbeliste der UNESCO und zählt seit seiner Gründung im Jahr 1922 zu den beliebtesten Touristenzielen am Bodensee. Bis heute haben 13 Mio. Menschen die Pfahlbauten besucht. Die Hütten auf Stelzen sind aber keine Originale, sondern Nachbauten, die seit 1922 Haus um Haus konstruiert wurden. Es sind Kopien unterschiedlicher Dörfer aus unterschiedlichen Zeiten – von der Stein- bis zur Bronzezeit, also aus der Zeit von 4000 v. Chr. bis 850 v. Chr. Letztmalig wurde das Museum 2007 erweitert, als für ein Reality-TV-Projekt der ARD sieben Erwachsene und sechs Kinder in die

Dass in diesem hübschen Ambiente mit einmaligem Seeblick stimmungsvolle Poesie entstehen kann, merkt jeder Besucher des Droste-Hülshoff Museums (▶ S. 91) augenblicklich.

Welt der Steinzeit versetzt wurden und man hier die Wohnhäuser für sie erbaute (www.swr.de/steinzeit).

Nach Ende des Zweiten Weltkriegs waren die Pfahlbauten übrigens für kurze Zeit wirklich bewohnt, in ihnen schlugen marokkanische Soldaten, die in der französischen Armee dienten, ihr Lager auf.

Die Museumsanlage besteht aus zwei Museumsgebäuden und 23 rekonstruierten Häusern. Im älteren Teil werden die wichtigsten Funde aus 150 Jahren Forschungsarbeit präsentiert, im jüngeren wird in einer Multimediaausstellung die Arbeit von Unterwasserforschern auf der Jagd nach Funden aus der Steinzeit nachgestellt.

Strandpromenade 6 | www.pfahl bauten.de | April–Sept. tgl. 9–18.30, Okt. bis 17, Nov., März Sa, So, feiertags 9–17, Nov., Jan.–März Mo–Fr 14.30 Uhr Führung (ohne Voranmeldung), Dez. geschl. | Eintritt 9 €, Kinder 5,50 €

### Traktormuseum Bodensee

Mehr als 200 Traktoren auf einer Ausstellungsfläche von über 10 000 qm macht das Museum zu einem Ausflugsziel für alle Hobbylandwirte.

Gebhardsweiler 1 | www.traktor museum.de | April–Okt. tgl. 9.30–17.30, Nov.–März Di–So 10–17 Uhr | Eintritt 9,50 €, Kinder 5 €

### ÜBERNACHTEN
Hotel Sternen ▸ S. 24

### SERVICE
Tourist Info Uhldingen-Mühlhofen

Schulstr. 12 | www.seeferien.com | Mo–Fr 9–12 Uhr

Darf's ein bisschen mehr sein? An prunkvollen Verzierungen wurde im Inneren der Birnau (▸ MERIAN TopTen, S. 95) nicht gespart. Ganz bewusst, die Pracht symbolisiert die Macht Gottes.

# Ziele in der Umgebung

## ◎ WALLFAHRTSKIRCHE BIRNAU ⭐     🏊 D/E 3

Die der Gottesmutter Maria geweihte Basilika von Birnau gilt nicht nur unter Kunstkennern als eine der schönsten Rokokokirchen Deutschlands. Sie wurde zwischen 1746 und 1750 nach Plänen des Vorarlberger Baumeisters Peter Thumb – der seinen Namen über der Sonnenuhr am Eingang verewigte – im Auftrag der Äbte von Salem erbaut. Die neue Kirche sollte einer bereits seit dem 13. Jh. verehrten Statue der Gottesmutter eine neue Heimat bieten. Da die Kirche auch von Pilgern besucht werden sollte, wählte man einen Bauplatz in Seenähe, so konnten die Gläubigen bequem mit dem Boot anreisen. Heute ist Birnau als Hochzeitskirche beliebt; im Jahresverlauf finden hier oberhalb des Bodenseeufers mehr als 50 Trauungen statt.

Betritt man das Innere des Gotteshauses, ist man zunächst von der barocken Üppigkeit überwältigt. Genau das ist auch der Sinn des Bauwerks: Die Gläubigen sollten durch die Pracht von der Allmacht Gottes überzeugt werden. Links oberhalb des ersten Seitenaltars rechts – die Birnau birgt insgesamt sieben Altäre – befindet sich die Figur des Honigschleckers von Joseph Anton Feuchtmayer, ein kleiner Putto, der symbolisch an den Heiligen Bernhard von Clairvaux erinnert, der für seine überzeugenden Predigten bekannt war. Die Deckengemälde von Gottfried Bernhard Göz, dem Hofmaler von Maria Theresia von Österreich, sind in den für das Rokoko typisch abgeschwächten Farben gehalten.

Das große Fresko im Langhaus ist zweigeteilt. In dem Teil, der dem Altar näher liegt, wird in der Mitte Maria dargestellt. Über ihrem Haupt erkennt man einen achtzackigen Stern, ein Symbol für das Erscheinen des Messias. Zu Füßen Marias lagern Pilger, unter ihnen ein Mann mit verbundenem Schienbein. Hier hat sich der Maler Gottfried Bernhard Göz selbst porträtiert. Während seiner Arbeit an dem Fresko war er tatsächlich vom Gerüst gefallen und hatte sich verletzt.

Im Zuge der Säkularisation hörten 1802 die Wallfahrten auf, 1808 feierte man den letzten Gottesdienst, bevor man dann die Prachtkirche bis 1919 als Lagerraum benutzte.

Ganz in der Nähe der Kirche liegt ein Friedhof für KZ-Häftlinge, die in Aufkirch, einem Außenlager des KZ Dachau, ums Leben kamen.

🕐 Fotografen müssen entscheiden: Vormittags ist die Fassade der Kirche im besten Licht; am Nachmittag ist der Blick auf die Berge am schönsten.

Birnau | direkt an der B 31, zwischen Überlingen und Uhldingen. | www.birnau.de | im Sommer 7.30–19, im Winter bis 17 Uhr geöffnet

2 km nordwestl. von Uhldingen

## Picknick mit Birnaublick

Vom Weinberg vor der Birnau kann man zwar Reben naschen, die aber schmecken am besten gekeltert. Packen Sie deswegen lieber Wein und andere Leckereien in den Korb, dann können Sie auf einer der Wiesen neben der Kirche zum Picknick »with a view« einladen (▶ S. 13).

Nicht nur Freunde gemacht hat sich Künstler Peter Lenk mit seinem provokativen Brunnen »Bodenseereiter« ( ▶ S. 97) in Überlingen – doch das war auch nicht seine Absicht.

## ÜBERLINGEN

**D 2**

22 000 Einwohner

Mit »südländischer Fröhlichkeit und badischer Gastfreundschaft« beschreibt der örtliche Tourismusverband die Stadt im Gastgeberverzeichnis. In der Tat wirkt Überlingen ein wenig so, als könnte es auch am Lago Maggiore oder am Gardasee liegen. Manche bezeichnen Überlingen sogar als das Nizza Deutschlands. Vielleicht liegt das ja an der mit Blumen und Palmen (!) geschmückten Uferpromenade, ihres Zeichens die längste am Bodensee. Leckere Eisdielen fehlen hier ebenfalls nicht. Mit seiner Stadtmauer und dem unzerstörten historischen Kern braucht der Ort aber gar keine Anleihen bei den Städten des Südens zu nehmen, er hat seinen ganz eigenen Charme.

Überlingen kann auf eine lange und stolze Vergangenheit zurückblicken. Dass es einst die reichste Stadt am See war, sieht man der prachtvollen Altstadt heute noch an. 770 wurde Überlingen erstmals urkundlich erwähnt, 1180 bekam die Stadt das Marktrecht, und im 13. Jh. wurde sie Freie Reichsstadt. Dadurch genoss sie eine ganze Reihe von Privilegien, u. a. eine eigene unabhängige Gerichtsbarkeit. Der Aufschwung wurde auch durch den Dreißigjährigen Krieg nicht gestoppt. Die Schweden konnten die wehrhaften Mauern nicht überwinden, als eine von wenigen Städten entging Überlingen feindlichen Plünderungen.

Im Juli 2002 geriet Überlingen überregional in die Schlagzeilen, als über dem Bodensee eine russische Passagiermaschine mit einem Frachtflugzeug zusammenstieß. Die Wrackteile stürzten in der Nähe der Stadt, die von ihren mittelständischen Betrieben und vom Tourismus lebt, vom Himmel. Bei der damaligen Katastrophe kamen 71 Menschen ums Leben, am Boden wurde aber niemand verletzt. In Brachenreuthe, einem Ortsteil von Überlingen, in dessen Nähe die Trümmer der Passagiermaschine aufschlugen, erinnert ein Denkmal in Form einer zerrissenen Perlenkette an die Opfer.

## SEHENSWERTES

### Greth

Das einstige Handels- und Kornhaus, erbaut 1788, könnte in jeder Rubrik dieses Kapitels aufgeführt werden, beheimatet es doch neben der Tourist Information eine Markthalle sowie ein Kino, Restaurants und Geschäfte.
Landungsplatz 1–5

### Landungsplatz mit »Bodenseereiter«

Am Landungsplatz steht der »Bodenseereiter«, ein 1999 von dem im Bodenseeraum berühmten und ein wenig berüchtigten Bildhauer Peter Lenk geschaffener Brunnen. Er zeigt u. a. den in Überlingen lebenden Schriftsteller Martin Walser in Schlittschuhen auf einem Pferd sitzend. Walser war über das Werk des Künstlers so verärgert, dass er angekündigt hat, den Landungsplatz nicht mehr zu betreten. Aber nicht nur Berühmtheiten mussten sich verspotten lassen. Auch der örtliche Sparkassendirektor wird von Lenk aufs Korn genommen. Als Wasserspucker sitzt er am Rande des Brunnens. Der Hintergrund: Die Bank gewährte Lenk für den Bau des Brunnens

keinen Kredit, zur Strafe muss der Direktor jetzt nicht nur einmal, sondern immer etwas »ausspucken«.

### Nikolaus-Münster

Mit seinen markanten Doppeltürmen ist das gotische Nikolaus-Münster das Wahrzeichen der Stadt. Im kleineren der beiden Türme hängt die fast 7 t schwere Ossanaglocke, die nur zu besonderen Anlässen geschlagen wird. Ihren speziellen Klang hat sie angeblich durch eine Beschädigung bekommen. So soll irgendwann im 16. Jh. während eines verheerenden Sturms der Blitz in die Glocke eingeschlagen sein und ein Stück herausgebrochen haben. Die Glocke diente als eine Art Blitzableiter und rettete das Gotteshaus vor der Zerstörung. So jedenfalls will es die Legende. Wahrscheinlicher und unspektakulärer brach das Stück wegen Materialermüdung raus. Der Höhepunkt jedes Kirchrundgangs ist der hölzerne Hochaltar (1613–1619) der Gebrüder Zürn aus der Spätrenaissance.
Münsterplatz | tgl. 8–18 Uhr

### Rathaus

Im Rathaus aus dem 14. und 15. Jh. ist besonders der Ratssaal (1492–1494) sehenswert. Die 41 Holzfiguren von Jakob Russ stellen die Stände dar. Über der Eingangstür stehen Statuetten des Heiligen Nikolaus, dem Schutzheiligen der Stadt, und des Heiligen Michael, Schutzpatron des Heiligen Römischen Reiches.
Münsterstr. 17 | Führung von der Rathausverwaltung Mi, Do 11 Uhr (Treffpunkt am Rathauseingang); Führung vom Fremdenverkehrsamt Di 10, Fr 15 Uhr (Treffpunkt Tourist Info)

## MUSEEN UND GALERIEN

### Städtisches Museum im Reichlin-von-Meldeggschen Patrizierhof

Neben Ausstellungsstücken zur Stadtgeschichte und zum Brauchtum der Region sind für Kunstkenner vor allem Statuen von Joseph Anton Feuchtmayer und den Gebrüdern Zürn interessant. Wirklich einmalig ist aber die Sammlung von 55 Puppenstuben von der Renaissance bis zum Jugendstil. Eine größere Sammlung findet man nirgends in Deutschland.

Vom Garten hinter dem Palast aus dem 15. Jh. genießt man den Ausblick über die Stadt.

Krummebergstr. 30 | www.museum-ueberlingen.de | Di–Sa 9–12.30, 14–17, April–Okt. auch So 10–15 Uhr | Eintritt 5 €, Schüler 1 €

## ÜBERNACHTEN

### Hotel Restaurant Bürgerbräu ▶ S. 24

### Hotel Schäpfle

**Familiär** – Gemütliches Familienhotel mit modern-ländlicher Ausstattung, nur 30 m vom See entfernt. Dass die Touristen hier nicht unter sich bleiben, liegt am gutbürgerlichen Hotelrestaurant, das mit Hauptgerichten zwischen 12 und 15 € auch von Einheimischen gern besucht wird.

Jakob-Kessenring-Str. 12 + 14 | Tel. 07 55 18 30 70 | www.schaepfle.de | 22 Zimmer | 🐕 | €€

## ESSEN UND TRINKEN

RESTAURANTS
### Weinstein

**Feines zum Wein** – In der alten Herberge von 1426 ist heute ein kleines Weinlokal beheimatet, das den Schwerpunkt auf regionale Tropfen legt. Kleine Gerichte sorgen dafür, dass man mit einer guten Grundlage dem Wein zusprechen kann. Spezialität des Hauses ist der Flammkuchen.

Kronengasse 10 | Tel. 07 55 19 47 11 04 | www.weinstein-bodensee.de | €

BARS
### Galgenhölzle

Das Galgenhölzle inmitten der Altstadt ist die Überlinger Traditionskneipe schlechthin. Hier trifft sich halb Überlingen zum Bier. Wegen der günstigen Preise ist die Kneipe auch bei jungen Leuten beliebt. Gute Laune gibt es immer, ab und an auch Livemusik. Essen wird dagegen keines serviert.

🕐 Am besten Sie kommen am Abend – dann ist die Stimmung im Galgenhölzle auf dem Siedepunkt.

Münsterstr. 10 | Tel. 0 75 51 91 99 35 | www.galgen-ueberlingen.de | €

## EINKAUFEN

### Käseschmiede Moser ▶ S. 42

## AKTIVITÄTEN

### Bodensee-Therme

Die Alternative, wenn das Wetter mal nicht mitspielt. Herrlicher Blick von der Sauna ins Freie. Seezugang. Im Saunagarten befinden sich die Seeblockhaus-Sauna sowie die Bootshaus-Sauna. Der moderne Bau ist Geschmackssache, auch dass der Parkplatz extra kostet, stört viele Besucher.

Bahnhofstr. 27 | www.bodensee-therme.de | So–Do 10–22, Fr, Sa bis 23 Uhr | Eintritt je nach Zeit und genutztem Angebot, z. B. 2 Std. Bad 9 €, Kinder 4,50 €; Bad inkl. Sauna und Wellness 2 Std. 16,50 €

Inmitten von Obstblüten drücken Sprösslinge des europäischen Hochadels im renommierten Internat die Schulbank; auch ein sehenswertes Museum ist im Schloss (▶ S. 99) untergebracht.

## SERVICE

AUSKUNFT

**Kur und Touristik Überlingen**

Landungsplatz 5 | www.ueberlingen-bodensee.de | Mai–Sept. Mo–Fr 9–18, Sa 9–15, Juli–Sept. auch So 10–13, Nov.–März Mo–Fr 9–12, Do auch 13–18 Uhr, April, Okt. zusätzlich Mo–Fr 13–18, Sa 9–12 Uhr

## Ziele in der Umgebung

◉ SCHLOSS SALEM                    ⚑ E2

Nur wenige Kilometer vom Bodensee entfernt liegt das Schloss Salem. 1134 als Zisterzienserkloster gegründet, wuchs die Anlage mit zunehmender Macht der Mönche. Der Aufschwung hielt bis zum Dreißigjährigen Krieg an, in dem das Kloster mehrfach sowohl von katholischen wie protestantischen Truppen geplündert und gebrandschatzt wurde. 1648 war der Krieg vorbei und Salem fast völlig zerstört. Bis Ende des 17. Jh. hatte sich das Kloster insoweit erholt, dass man einen prunkvollen Neubau in Angriff nehmen konnte. Im 18. Jh. war die Abtei dann wieder mächtig und wohlhabend wie einst und inzwischen fast so etwas wie ein kleines Fürstentum.

Die weitläufige barocke Klosteranlage mit dem hochgotischen Münster, erbaut zwischen 1285 und 1414, ging 1804 infolge der Säkularisation in den Besitz der Markgrafen von Salem über, die das Kloster zum Schloss umbauten. Auch heute lebt hier noch die markgräfliche Familie, die sich das Areal mit der bekannten Internatsschule teilt.

Im barocken Abteigebäude ist das interessante Klostermuseum untergebracht. Die Innenräume des Schlosses sind nur im Rahmen von – mehrmals täglich stattfindenden – Führungen zu besichtigen. Sehenswert ist auch der Schlossgarten, der in den 1990er-Jahren ein neues Erscheinungsbild erhielt, das sich an den ästhetischen Prinzipien des Barock orientiert. Außerdem beherbergt das Schloss das größte Feuerwehrmuseum Europas.

Schloss Salem | www.salem.de | April–Anfang Nov. Mo–Sa 9.30–18, So ab 10.30 Uhr | Eintritt Schlossanlage und Museen 9 €, Kinder 4,50 €

13 km nordöstl. von Überlingen

---

# Wollen Sie's wagen?

*Man kann wunderbar schlemmen am Bodensee – aber wie wäre es einmal mit Fasten in der schönen Region? Mit Gleichgesinnten ist das einfach(er). Wer durchhält, fühlt sich schon nach ein paar Tagen leicht und beschwingt und erlebt die herrliche Landschaft noch intensiver. Diverse Fastenkurangebote macht das Kneipp- und Vital-Hotel Röther in Überlingen.* Uhlandstr. 2 | Tel. 07 55 19 22 40 | www.bodenseekur.de

---

# BODMAN-LUDWIGS-HAFEN  D 2
4500 Einwohner

Die Gemeinde Bodman-Ludwigshafen ist ein Zusammenschluss der beiden ehemaligen Gemeinden Bodman und Ludwigshafen mit insgesamt 15 Dörfern und Weilern. Die Gegend hier am westlichen Ende des Bodensees war schon früh besiedelt, in Bodman hat man auch Reste von Pfahlbauten aus der Stein- und Bronzezeit gefunden. Damit könnte sich Bodman eigentlich auch Weltkulturerbeort nennen, denn im Juni 2011 hat die UNESCO unter dem Namen »Prähistorische Pfahlbauten rund um die Alpen« insgesamt 111 Pfahlbaufundstellen in der Schweiz, Österreich, Deutschland, Frankreich, Slowenien und Italien zum grenzüberschreitenden Weltkulturerbe ernannt, darunter auch die Fundstelle in Bodman-Schachen.

Um zu großer Erwartung vorzubeugen: Für Wissenschaftler sind die Funde, die man im Verlandungsdelta der Stockacher Aach gemacht hat, zwar sehr interessant, für den Laien ist dort aber nichts zu sehen.

## SEHENSWERTES

### Ruine Altbodman

Das Wahrzeichen des Ortes ist die Ruine Altbodman, erbaut 1332 und 1643 im Dreißigjährigen Krieg zerstört. Sie liegt hoch über dem Bodensee in der Nähe des Ortsteils Bodenwald. Man erreicht sie vom Parkplatz der Vesperstube Bodenwald in fünf Minuten oder steigt von Bodman in einer knappen Dreiviertelstunde zu ihr hinauf.

Das im Ort gelegene Schloss Bodman ist bewohnt und kann nicht besichtigt werden, hier muss man sich mit einem Spaziergang durch den Park im englischen Stil zufriedengeben. Dieser wurde bereits im 18. Jh. angelegt.

### Skulpturen von Peter Lenk

Bodman ist die Heimat des im Bodenseeraum sehr bekannten Bildhauers Peter Lenk, dessen Statuen in vielen Orten rund um den See zu sehen sind. In dem großen Relief »Ludwigs Erben« (2008) am Rathaus von Ludwigshafen nimmt Lenk bissig die Finanzkrise aufs Korn und stellt deren Akteure unverblümt und nackt dar – u. a. sieht man Gerhard Schröder, Edmund Stoiber, Guido Westerwelle und Angela Merkel im Adams- bzw. Evakostüm. Die respektlose Darstellung der deutschen Spitzenpolitiker sorgte damals bundesweit für Aufsehen.

Lenk-Fans sollten sich auch dessen Bildhauergarten ansehen. Dort stehen, auf einem schönen Gelände verteilt, zahlreiche Entwürfe seiner Werke.

Rathaus in Ludwigshafen, Hafenstraße | Bildhauergarten in Bodman, Kaiserpfalzstraße

## ESSEN UND TRINKEN

### Gallardo

**Lieblingsitaliener** – Ausgezeichnete Pizzen, Pasta und Tapas, vor allem aber die perfekte Lage am See machen das Gallardo zu einem der beliebtesten Restaurants in Ludwigshafen. Im Sommer ist die Seeterrasse abends meist brechend voll.

Seestr. 22 | Tel. 0 77 73 93 80 95 | www.lago-de-gallardo.de | €

### Höhengasthaus Haldenhof ▶ S. 28

Die heutige Ruine Altbodman ( ▶ S. 100) gehörte einst dem schwäbisch-badischen Adelsgeschlecht Bodman, von dem sich vermutlich der Name Bodensee ableiten lässt.

### Kern's Restaurant

**Neue Mitte** – Neben der Tourist Information ist das Restaurant in das Seeum, das neue große Haus am See in Bodmans Ortsmitte, eingezogen. In angenehmer Atmosphäre und mit Seeblick kann man sich badische, schwäbische oder mediterrane Gerichte schmecken lassen, die der Chef, Stephan Kern, modern interpretiert.

Seestr. 5 | Tel. 07 77 39 35 51 70 | www.kerns-restaurant.de | Mo geschl. | €€

### AKTIVITÄTEN

#### Sagenwanderung

Interessierte können Bodman mit Stefanie Sender erkunden. Die Wanderführerin kann historisch Verbrieftes vermitteln und spannende Sagen erzählen. Die Touren durch den Ort und über die waldigen Höhen des Bodanrück sind so auch für Kinder spannend.

Termine und Anmeldung Tel. 07 53 38 03 09 15 | http://sagenhafte-wandertouren.jimdo.com | April–Okt. | Erwachsene 8 €, Kinder 4 €

### SERVICE

AUSKUNFT

#### Tourist Information

Bodman: Seestr. 5 | Ludwigshafen: Hafenstr. 5 | www.bodenseepur.de | Dez.–Feb. Do 9–12, 14–17 (nur in Ludwigshafen), März–Sept. Mo–Fr 9–12, 14–17, bis Mitte Sept. auch Sa 10–12, Okt., Nov. Mo–Fr 9–12, Do auch 14–17 Uhr

## Ziele in der Umgebung

 STOCKACH  C2

16 200 Einwohner

Stockach liegt hinter einem Hügel nordwestlich des Bodensees und bezeichnet sich selbst als das »Tor zum See«. Überregional ist die Stadt wegen ihres alljährlich am Gründonnerstag stattfindenden Narrengerichts bekannt, das bis auf das Jahr 1351 zurückgeht. In der Neuzeit hat man die Tradition 1965 wieder aufleben lassen und wählt seitdem alljährlich einen »Angeklagten« aus der Politik aus, dem auf humorvolle Weise der Prozess gemacht wird. Auch Angela Merkel – allerdings noch vor ihrer Zeit als Bundeskanzlerin –, Franz-Walter Steinmeier und Wolfgang Schäuble saßen schon auf der Anklagebank. Verurteilt wurden sie alle und zu einer Strafe, die sie in Wein zu begleichen hatten.

Wahrzeichen der Stadt ist der barocke Turm mit Zwiebelhaube der katholischen Pfarrkirche St. Oswald. Das Kirchenschiff hat man 1932 abgerissen, der Turm aber wurde erhalten.

6 km nordwestl. von Bodman-Ludwigshafen

### SEHENSWERTES

#### Bürgerhaus Adler Post

Stockach zählt zu den ältesten Poststationen Deutschlands, hier kreuzten die großen Linien, die nach Wien, Paris, Ulm, Basel, Stuttgart und Zürich führten. Unterkunft fanden die Reisenden damals im Gasthaus Adler Post. Heute dient das Gebäude als Kulturzentrum. Im dritten Stock liegt das Narrenstüble, in dem immer am Gründonnerstag die Verhandlung des Stockacher Narrengerichts stattfindet.

Hauptstr. 7

#### U-Boot-Brunnen

Die Skulptur U-Boot-Brunnen in der Goethestraße, erschaffen 2001, stellt den damaligen Verteidigungsminister

Anklagebank mit Popularitätsfaktor: Wer von den Stockacher Narren vor Gericht zitiert wird, hat die Chance, zumindest für kurze Zeit den strengen Politikerblick abzulegen.

Rudolf Scharping gleich viermal dar – er steht dabei in vierfacher Ausführung auf einem U-Boot und hält die Hand zum militärischen Gruß an den Kopf. In verdächtiger Nachbarschaft zu Scharping stellte der Kunstprovokateur Peter Lenk, der den Brunnen schuf, eine vollbusige Schönheit dar. Eine kaum verhohlene Anspielung auf Scharpings Poolaffäre. Während die Bundeswehr damals vor einem gefährlichen Auslandseinsatz stand, hatte sich der Verteidigungsminister von einem Boulevardblatt fotografieren lassen, wie er mit seiner Lebensgefähr-tin verliebt in einem Swimmingpool auf Mallorca planschte.

Eine weitere Skulptur Lenks steht in der Hauptstraße 6. Hoch oben auf dem Giebel einer aufwendig renovierten Apotheke ist Justitia zu sehen, wie sie den »Ehrenwortbuben« Helmut Kohl übers Knie legt.

### SERVICE

AUSKUNFT

**Tourist Info Stockach**

Kulturzentrum Altes Forstamt | Salmannsweilerstr. 1 | www.stockach.de | Mo–Fr 9–12, Sa 10–13 Uhr

# RUND UM KONSTANZ

*Einmal in der Geschichte war Konstanz der Mittelpunkt der abendländischen Welt. Heute ist es bunte Universitäts- und Einkaufsstadt – drum herum gibt sich die Landschaft malerisch und vielerorts verträumt.*

Bodanrück heißt die Landzunge, die sich an seinem nordwestlichen Ende in den Bodensee schiebt. An ihrer Spitze liegt Konstanz, quirlige Universitätsstadt und heimliche Hauptstadt der Bodenseeregion. »Konschdanz«, wie die Einheimischen sagen, punktet mit mittelalterlichem Flair und großer Historie, einer hervorragenden Universität und charmanter Nonchalance. Noch zum Stadtgebiet gehört die **Insel Mainau** 🌟, klimatisch begünstigtes Blumenparadies, in dem sich auch riesige Mammutbäume und exotische Schmetterlinge bestaunen lassen.

Die **Reichenau** 🌟 ist die größte Insel im Bodensee und durch ein Stück der Deutschen Alleenstraße mit dem Festland verbunden. Hier sind Natur und Kultur schon vor über 1000 Jahren eine besonders harmonische Beziehung eingegangen. Die romanischen Kirchen, die inmitten von Gemüsefeldern liegen, gehören zum Welterbe der UNESCO.

◀ Erinnert an das Konstanzer Konsil: Imperia
(▶ S. 107), Skulptur am Konstanzer Hafen.

Von Immenstaad
zum Überlinger
See

Rund um
Konstanz

Von Lindau bis
Friedrichshafen

Die Schweizer
Bodenseeseite

Der
österreichische
Bodensee

Rund um den Untersee gibt es Naturschutzgebiete, hier finden Wasservögel Rückzugs- und Brutgebiete
und Vogelkundler ihr Paradies. Mit
gutem Grund hat sich das Max-
Planck-Institut für Ornithologie in
Radolfzell niedergelassen. Südlich
von Radolfzell liegt die Halbinsel **Höri** ⭐, ein malerisch verträumtes
Fleckchen, das den Schriftsteller Hermann Hesse einst wegen seiner
landschaftlichen Schönheit, seiner Abgeschiedenheit fernab der modernen Zivilisation begeisterte. Später, in der NS-Zeit, wurde diese Halbinsel
an der Grenze zur Schweiz zum Refugium für Künstler, die den Nazis
nicht passten, die Deutschland aber dennoch nicht verlassen wollten.

## ZUFLUCHTSORT UND INSPIRATION FÜR KÜNSTLER

Über die Biografien dieser Künstler, unter ihnen der Maler Otto Dix,
kann man auf der Höri viel erfahren. Die Werke vieler Höri-Künstler
hängen unterhalb der mächtigen Festungsruine Hohentwiel im Kunstmuseum Singen. Für Aktive bieten sich an den Ufern des Untersees, auf
der Höri und auf dem Bodanrück Wander- und Radelmöglichkeiten vom
Feinsten. Auf dem Wasser lässt sich die Gegend am besten per Kanu oder
Kajak entdecken – intensiv, entspannt und ganz gemächlich.

## KONSTANZ                          📍 D 3

Stadtplan ▶ Klappe hinten
83 000 Einwohner

Konstanz versteht sich, aufgrund seiner Größe und seiner Geschichte, als
heimliche Hauptstadt der Bodenseeregion. Die Zeiten, in denen hier große
Politik gemacht wurde und sich das
Augenmerk des gesamten Abendlandes auf die Stadt am Bodensee richtete,
liegen allerdings schon eine Weile zurück. Man schrieb das Jahr 1414, als
auf Initiative des römisch-deutschen
Königs Sigismund das Konstanzer
Konzil einberufen wurde, ein vier Jahre
währendes Gipfeltreffen, zu dem die
Mächtigen der gesamten christlichen
Welt anreisten. Ziel ihrer Zusammenkunft war es, die Spaltung der katholischen Kirche zu überwinden und
wieder einen gemeinsamen Papst an
die Spitze zu bringen. Das 600-jährige
Konziljubiläum wird noch bis 2018 mit
diversen Veranstaltungen gewürdigt.
Aber nicht nur in Jubiläumsjahren ist
die Erinnerung an das Mittelalter-
Gipfeltreffen sehr präsent. Noch heute
treffen sich die Konstanzer im oder am

»Konzil«, so nämlich nennen sie ein Handelshaus am alten Hafen, das heute Restaurant und Konzerthaus ist. Das Gebäude, Ende des 14. Jh. fertiggestellt, war für damalige Verhältnisse riesengroß. Hinter seinen Mauern schlossen sich die Kardinäle des Konzils für das Konklave ein und wählten den Papst.

Den Zweiten Weltkrieg hat die Konstanzer Altstadt unbeschadet überstanden, und so wartet sie bis heute mit mittelalterlichen Türmen, beeindruckenden Giebeln und Arkaden auf. Einen ersten Streifzug durch die Stadt fängt man am besten am Hafen an. An der Hafeneinfahrt grüßt, imposant wie ein Leuchtturm, die 9 m hohe Figur »Imperia«, geschaffen von Bildhauer Peter Lenk, dessen Skulpturen vielerorts am Bodensee markante Plätze schmücken. Marktstätte heißt der zentrale Platz, wo sich vor historischer Kulisse jede Menge Einkaufs- und Einkehrmöglichkeiten bieten. Früher oder später führt der Altstadtbummel natürlich zum Münster. Erbaut wurde es im 11. Jh. Dem Konzil diente dieses Gotteshaus als Sitzungssaal, lange davor und noch lange danach war es die Kathedrale der Konstanzer Bischöfe. Mit der Aufhebung des Bistums im Jahr 1821 wurde das Münster zur gewöhnlichen katholischen Pfarrkirche degradiert.

Auch wenn der besonders schöne Teil der Altstadt zwischen Marktstätte und Münster liegt, lohnt es durchaus, den Münsterplatz zu überqueren und auf der anderen Seite einzutauchen in das angrenzende Gassengeflecht. Niederburg heißt dieser älteste Teil der Stadt. Einst lebten Fischer, Handwerker und einfache Kaufleute in den kleinen Häusern, die teilweise noch aus dem 13. Jh. stammen. Heute zieht das malerische Quartier vor allem Menschen mit Kreativität an. Mit urigen Weinstuben, Werkstätten, Ateliers und Feinkostlädchen haben sie wieder frischen Wind in die alte Niederburg gebracht.

## Streifzug durch die Niederburg

In den verwinkelten Gassen hinter dem Münsterplatz entfaltet Konstanz besonderen Charme. Öffnen Sie doch mal die schwere Holztür des alten Dominikanerinnenklosters in der Brückengasse 15, mehrmals täglich halten die Nonnen hier Gottesdienst, in der übrigen Zeit steht die kleine Kirche Besuchern offen (▶ S. 13).

## SEHENSWERTES

### ① Dominikanerkloster

Östlich der Altstadt liegt die Dominikanerinsel mit dem ehemaligen Dominikanerkloster. Während des Konzils diente es als Tagungsort. 1785 mussten die Mönche ausziehen. Noch vor der offiziellen Schließung des Klosters übertrug Kaiser Joseph das Anwesen einem Genfer Fabrikanten und Bankier, und dieser machte das Kloster zur Baumwollfabrik. An dem Unternehmen war ein gewisser Friedrich von Zeppelin beteiligt, Vater des berühmten Begründers des Luftschiffbaus. Sein Sohn kam 1838 in der Fabrik zur Welt. Heute ist das ehemalige Kloster ein Hotel und schmückt sich mit einer »Zeppelin-Bar«.
Auf der Insel 1

Wer in Konstanz nach dem Weg zum »Konzil« fragt, ist nicht im falschen Jahrhundert gelandet, sondern sucht das Gebäude des kirchlichen Gipfeltreffens, heute Kulturtempel (▶ S. 107).

## ② Imperia

1993, als die von Peter Lenk geschaffene Skulptur am alten Hafen aufgestellt wurde, hagelte es Proteste. Viele Konstanzer empörten sich über das »frauenfeindliche Hurendenkmal« in aufreizender Pose. Das Erzbistum Freiburg ließ sogar verlauten, die Figur sei »geschmacklos und geeignet, den religiösen Frieden zu beeinträchtigen«. Lenks Imperia soll in der Tat eine Prostituierte sein. Das literarische Vorbild fand der Künstler beim französischen Romancier Honoré de Balzac. In einer Erzählung Balzacs wickelt eine Edel-Kurtisane namens Imperia zu Zeiten des Konstanzer Konzils die mächtigsten Männer des Abendlandes um den Finger. Tatsächlich waren seinerzeit nicht nur weltliche und geistliche Würdenträger, sondern auch Tausende Prostituierte zum Mega-Event nach Konstanz angereist.

Hafenstraße

## ③ Konzilgebäude

Das alte Handelshaus öffnete anno 1388 erstmals seine Türen. Im Jahr 1417 ließen sich hier die Kardinäle des Konstanzer Konzils drei Tage lang einschließen, um einen Papst zu wählen. Mit der Wahl von Papst Martin V. endete das Schisma, die Spaltung der katholischen Kirche.

Heute ist das historische Gebäude Konzert- und Kongresshaus, beherbergt ein Restaurant, und jeder in Konstanz nennt es nur »Konzil«.

Hafenstr. 2

### ④ Münster Unserer Lieben Frau

Im Mittelalter war Konstanz das wichtigste Bistum des deutschen Reiches. Mitte des 11. Jh. ließen sich die Bischöfe das Münster bauen, als Basilika im romanischen Stil. 1089 war die Kirche fertiggestellt. Im 14. und 15. Jh. engagierten die Konstanzer Kirchenmänner erneut Baumeister, um das Münster im Stil der Gotik zu modernisieren. Im 17. Jh. erhielt es ein barockes Gewölbe, im 19. Jh. schließlich den neugotischen Turmaufsatz. Der Innenraum des Münsters war einst reich ausgestattet. Das änderte sich, nachdem der Schweizer Reformator Ulrich Zwingli hier 1505 zum Priester geweiht worden war. Zwingli ließ etliche Gemälde entfernen. Die Reformatoren wollten es schlicht.

In dem kahl wirkenden Kirchenschiff ziehen heute die Kanzel (um 1680) und das Chorgestühl aus dem 15. Jh. die Blicke auf sich. Hat man den dreischiffigen Kirchenraum durchschritten, kommt man zum Thomaschor mit dem zierlichen, frei stehenden Treppenturm »Schnegg«. Zu den Schätzen des Münsters gehören vier vergoldete Kupferscheiben, deren Entstehungszeit auf das 11. bis 13. Jh. datiert wird. Als plastische Motive sind darauf Christus, die Kirchenpatrone Konrad und Pela-

gius sowie der Adler, das Symbol des Evangelisten Johannes dargestellt. Aufbewahrt werden die Scheiben in der frühromanischen Krypta, dem ältesten Teil des Münsters.

Ein atemberaubender Blick bietet sich vom Münsterturm, an manchen Tagen kann man sogar die Alpen sehen.

Münsterplatz | tgl. 8–17.30 Uhr, Turm Mo–Sa 10–17, So 12.30–18 Uhr, im Winter geschl. | Turmbesteigung 2 €, Kinder 1 €

### ⑤ Sea Life 👫

Wie in vielen europäischen Städten hat der britische Unterhaltungsgigant Merlin Entertainments Group auch am Bodensee eines seiner Aquarien eröffnet. Haie und Rochen kann man hier aus nächster Nähe beobachten. Ein schöner Ausflug für Familien mit Kindern an einem verregneten Nachmittag. Trotzdem: Einem Vergleich mit den wirklich großen Aquarien der Welt hält das Sea Life am Bodensee nicht stand.

Hafenstr. 9 | www.visitsealife.com/konstanz | Eintritt 17,50 €, Kinder 12,95 € (online teilweise deutlich günstiger)

### MUSEEN UND GALERIEN

### ⑥ Rosgartenmuseum

Südlich der Marktstätte liegt das Haus zum Rosengarten, das ehemalige Zunfthaus der Metzger. Seit 1870 ist in den historischen Räumen ein Museum eingerichtet, das Einblicke in die Vor- und Frühgeschichte der Region, in die Stadtgeschichte, in das Leben der Konstanzer zu Zeiten des Konzils und in das Alltagsleben späterer Jahrhunderte gibt.

Rosgartenstr. 3–5 | Di–Fr 10–18, Sa, So 10–17 Uhr | Eintritt 3 €, Kinder 1,50 €

## ÜBERNACHTEN

### 7 Hotel 47°

**Neu und cool** – Das neu eröffnete Haus liegt etwas außerhalb der Altstadt am Ufer des Seerheins. Es empfiehlt sich mit angenehm modernem Design, bodentiefen Fenstern, stimmigem Beleuchtungskonzept und dem tollen Blick über das Wasser und auf die Altstadt, der sich einem schon während des richtig guten Frühstücks bietet.
Reichenaustr. 17 | Tel. 0 75 31 12 74 90 | www.47grad.de | 99 Zimmer | €€€

## ESSEN UND TRINKEN

### RESTAURANTS

### 8 Brauhaus Joh. Albrecht

**Altstadttreffpunkt** – Das Brauhaus in der Niederburg braut seine Biere – das malzig-milde Dunkle und das hopfig-herbe Helle – vor den Augen der Gäste.

Aus der Küche kommt bodenständige Stärkung, z. B. in Form von Maultaschen oder Rinderroulade. Im Sommer lockt der lauschige Hof.
Inselgasse 17 | Tel. 07 53 12 50 45 | www. konstanz.brauhaus-joh-albrecht.de | tgl. 11.30–1 Uhr | €

### 9 Konzil Konstanz/Restaurant Patronentasche

**Großes Erbe** – Das Konzil ist eine touristische Anlaufstelle. Schließlich wollen viele einmal dort essen, wo vor 600 Jahren – das einzige Mal auf deutschem Boden – ein Papst gewählt wurde. Gäste von heute lassen sich Saibling, Zander, Kretzer und Hecht schmecken. Bei schönem Wetter sitzt es sich gut auf der Terrasse mit Seeblick.
Hafenstr. 2 | Tel. 07 53 12 12 21 | www. konzil-konstanz.de | €€

Früher war der Innenraum des Konstanzer Münsters (▶ S. 108) viel reicher geschmückt, doch der Reformator Zwingli veranlasste die heutige, wesentlich schlichtere Ausgestaltung.

**10 Papageno** ▶ S. 29
**Restaurant Ophelia** ▶ S. 30

BARS
**11 Strandbar**

An schönen, warmen Tagen ein guter Ort, um sich unter ein junges Publikum zu mischen, einen Cocktail zu trinken, die Füße in den weichen Sand zu stecken und aufs Wasser zu schauen. Webersteig 12 | www.strandbar-konstanz.de | April–Okt. tgl. 12–23 Uhr

### EINKAUFEN
**12 Homburger & Hepp**

Hier kann man herrlich schmökern, der Buchladen hat jede Menge Bodenseeliteratur und Karten im Sortiment. Münsterplatz 7 | www.homburger-hepp.de | Mo–Fr 9–18.30, Sa 10–16 Uhr

**13 Schokolade Läderach**

Die beste Schokolade machen die Schweizer. Verkauft werden die süßen Köstlichkeiten auch bei den Nachbarn in Deutschland. Der Schweizer Schokoladenhersteller Läderach unterhält eine Filiale in der Konstanzer Altstadt. Obermarkt 4 | Mo–Fr 9.30–19, Sa bis 18 Uhr

### AKTIVITÄTEN
**Bodenseetherme Konstanz** 🧖‍♂️🚩

Perfekte Lage am See, eine beeindruckende Saunalandschaft und Becken mit reinstem Mineral-Thermalwasser. Das Thermen-Restaurant »Seelig« bietet weit mehr als lediglich eine Stärkung nach einem Badetag.
🕐 Machen Sie doch tagsüber Ihre Ausflüge und gehen erst abends in die Therme – nach 20 Uhr wird es dort deutlich billiger.

Zur Therme 2 (Eingabe fürs Navi: Wilhelm-von-Scholz-Weg 2) | www.bodensee-therme-konstanz.de | tgl. 9–22 Uhr, Sauna ab 10 Uhr | Tageskarte 11,50 €, Kinder 8,50 €, Sauna ab 18,50 €

### SERVICE
AUSKUNFT
**Tourist Information Konstanz GmbH**

Neben unzähligen Informationen zur Stadt kann man hier auch Termine für die beliebten Konstanzer »Tatort-Führungen« bekommen. Bahnhofplatz 43 (im Bahnhof) | www.konstanz-tourismus.de | April–Okt. Mo–Fr 9–18.30, Sa 9–16, So 10–13, Nov.–März Mo–Fr. 9.30–18 Uhr

## Ziele in der Umgebung
◎ **INSEL MAINAU** ⭐ 🧭 D 3

Die Insel Mainau ist über eine Brücke mit dem nahen Festland verbunden. Die Zahl der Sonnenstunden liegt hier, am Südufer des Sees, über dem Bundesdurchschnitt, und weil das große Gewässer die Sonnenwärme speichert, ist die Mainau einer der wärmsten Orte in ganz Deutschland. Hier herrscht ein Klima, das mediterrane und exotische Pflanzen gut gedeihen lässt. Über die gesamte 1100 mal 600 m große Insel erstreckt sich ein Park, der mit seiner Blütenpracht von Frühling bis Herbst Jahr für Jahr über 1 Mio. Besucher anzieht. Am nördlichen Rand der Insel thront auf einer Anhöhe ein Schloss, in dem die gräfliche Familie Bernadotte residiert.
Rund 70 Gärtner pflegen die Parklandschaft, die im Jahresverlauf mit ständig wechselnden blühenden Attraktionen aufwartet: Im Frühling verwandeln

Die im Spätsommer stattfindende Dahlienschau auf der Insel Mainau (▶ MERIAN TopTen, S. 110) ist einer der Höhepunkte der Saison. Die Wahl der schönsten fällt immer schwer …

1 Mio. Tulpen die Insel in ein Farben- meer, im Sommer versprühen über 1000 Rosensorten betörenden Duft, im Spätsommer sorgen Dahlien in allen nur erdenklichen Farben und Formen bei der großen Dahlienschau mit Wahl der Dahlienkönigin für einen letzten Farbenrausch. Im Winter werden die Besucher von den mit Raureif verzier- ten Bäumen verzaubert.

🕐 Vor allem in der Hochsaison und an Wochenenden ist die Insel sehr über- laufen, wählen Sie deshalb lieber einen Wochentag zur Insel-Erkundung.

5 km nördl. von Konstanz

## SEHENSWERTES

### Arboretum

Größte botanische Attraktion ist das Arboretum, eine Anpflanzung von rund 500 Baumspezies aus allen Teilen der Erde, die seit 1853 nach und nach auf dem Hochplateau der Insel ge- pflanzt wurden. Publikumslieblinge sind die beiden Mammutbäume kali- fornischer Herkunft, deren Stämme einen Umfang von 7 beziehungsweise 8 m haben. Sie ragen so weit in den Himmel, dass sie zu ihrem Schutz mit einem Blitzableiter versehen werden mussten.

## Palmenhaus

So mild das Klima auf der Mainau auch ist, Palmen und Zitrusgewächse müssen in diesem riesigen, als Kalthaus mit Temperaturen zwischen 10 und 12 °C gebauten Gewächshaus überwintern. Einige der Palmen ragen schon jetzt fast bis unter das 17,40 m hohe Dach. Im Frühjahr, wenn die großen Exoten wieder draußen stehen, lockt die Orchideenschau Besucherscharen in den gläsernen Palast.

## Schloss und Schlosskirche

Das Schloss wurde 1739 bis 1746 nach den Entwürfen von Johann Caspar Bagnato erbaut. Im Mitteltrakt werden Wechselausstellungen gezeigt. Der rechte Seitenflügel beherbergt das vornehme Schlosscafé, das auch über das Palmenhaus zugänglich ist.

Die gleich rechts neben dem Schloss erbaute Schlosskirche St. Marien wurde ebenfalls von Baumeister Bagnato entworfen und 1739 fertiggestellt. Sie prunkt mit üppigem Barock und sehenswerten Stuckarbeiten.

## Schmetterlingshaus

Eine Luftfeuchtigkeit von etwa 90 Prozent und beständige Temperaturen zwischen 25 und 30 °C sorgen dafür, dass sich im Glashaus auf der Mainau rund 120 Schmetterlingsarten zu Hause fühlen, die in freier Natur nur in Afrika und Asien sowie in Mittel- und Südamerika zu bewundern sind. Mit etwas Glück bekommen Besucher auch Nachtfalter mit Flügelspannweiten von bis zu 30 cm zu Gesicht. Mitte März–Mitte Okt. bis 19, Winter bis 17 Uhr

Das Münster St. Maria und Markus (▶ S. 114) auf der Insel Reichenau ist mit einem sogenannten »normannischen« Dachstuhl in Schiffsform ausgestattet.

## ESSEN UND TRINKEN
### Comturey

**Auf der Höhe der Zeit** – Auf der Mainau gibt es Restaurants und Cafés für jeden Geschmack. Die Comturey, unterhalb des Schlosses im Hafenareal gelegen, ist der schicke Neuzugang, der sich mit moderner Architektur – viel Glas, viel Naturmaterial – ins Mainau-Ambiente einfügt. Gekocht und gebacken wird hier vor allem mit regionalen Produkten.
Tel. 0 75 31 30 32 31 | www.mainau.de/comturey.html | tgl. 11.30–17 Uhr

### Würstle Grill

**Unter Kastanien** – Hier findet man ein ausgesprochen schönes Plätzchen für eine Imbisspause. An bunt bepflanzten Holztischen schmecken Grillwürste aller Art und hausgemachte Kuchen einfach doppelt so gut.
Mitte März–Okt. tgl. 11–17 Uhr

## SERVICE
AUSKUNFT
### Insel Mainau Info

www.mainau.de | Jan.–Dez. von Sonnenaufgang bis Sonnenuntergang zugänglich | Eintritt April–Okt. Erwachsene 19 €, Kinder (ab 13 J.) 11 €, Nov.–März 9 € bzw. 5 €, im Sommer gibt es ab 17 Uhr Tickets zum halben Preis | Botanische Führungen: Mai–Anfang Okt. tgl. 13.30 Uhr (Treffpunkt Schlosshof) | Teilnahme 4 €, Kinder kostenlos

ANFAHRT
Der Bus der Linie 4 fährt mehrmals pro Stunde ab Konstanz (Bahnhof) zur Mainau. Auf dem Parkplatz vor der Brücke zur Insel kann man das Auto bequem abstellen (April–Okt. 4 €,

Nov.–März kostenlos). Alle Landungsstellen am Bodensee bieten Fährverbindungen zur Insel Mainau.

## ◎ INSEL REICHENAU **6**  D 3
3300 Einwohner

Im westlichen Teil des Sees, dem sogenannten Untersee, liegt die Reichenau, die mit knapp 5 km Länge und 1,5 km Breite mit Abstand größte Bodenseeinsel. Seit 1838 ist sie durch einen Damm mit dem Festland verbunden, auf dem eine Pappelallee gepflanzt ist. Diese ist, je nach Reiserichtung, Start- oder Endpunkt der Deutschen Alleenstraße und eine besonders schöne Kulisse – so schön, dass man auch die TV-Tatort-Kommissarin Klara Blum, die in Konstanz ermittelt, gelegentlich diese Strecke fahren lässt. Auf der Insel bestimmen Felder, Gewächshäuser und endlos erscheinende Salatbeete das Bild. Dazwischen liegen die drei Siedlungen Oberzell, Mittelzell und Niederzell. Ihre Ortskerne werden jeweils von einer Kirche markiert: St. Georg, St. Peter und Paul und das Münster St. Maria und Markus. Die drei Kirchen auf der Reichenau gehörten einst zu einem berühmten Benediktinerkloster, dem ersten, das der Orden auf deutschem Boden gründete. Man schrieb das Jahr 724, als sich der Wanderbischof Pirmin mit 40 Mönchen im Gefolge auf der Bodenseeinsel niederließ, mit dem Vorhaben, die alemannische Bevölkerung der Region zum Christentum zu bekehren.
Das goldene Zeitalter der Reichenau begann mit Pirmins Nachfolger, einem Abt namens Waldo. Er gründete eine Gelehrtenschule auf der Reichenau, und bald entwickelte sich das Kloster

zu einem bedeutenden geistlichen Zentrum. Seine Bibliothek war ein weithin bekannter Hort des Wissens. Könige schätzten die gebildeten Äbte als Berater. Höchste politische Macht erlangte die Abtei auf der Reichenau Ende des 9. Jh., als der römisch-deutsche Kaiser Arnulf den Abt Hatto III. zum Erzkanzler machte. Im 13. Jh. sank der Stern der berühmten Abtei. Weil immer weniger junge Männer aus wohlhabenden Familien in das Kloster eintraten, verarmte es, wurde 1538 an das Bistum Konstanz verkauft und 1757 schließlich aufgelöst.

Die Kirchen mit ihrer romanischen Kunst sind Zeugnisse der fernen, goldenen Jahre und gehören heute zum Weltkulturerbe der UNESCO. Und noch ein Erbe der Benediktiner wird bis heute bewahrt: Die Mönche hatten einst den Gartenbau auf die Insel gebracht, und noch heute ist der Verkauf von Gurken, Salat & Co. noch vor dem Tourismus die wichtigste Einkommensquelle der Reichenau. Die unzähligen Salatfelder bezeugen dies.

9 km westl. von Konstanz

## Mit dem Fahrrad über den Damm

Der pappelgesäumte schmale Damm, der die Insel Reichenau mit dem Festland verbindet, ist eine der schönsten Fahrstrecken am See. Toll ist die knapp 2 km lange Strecke auch für Radler – beglückend, wenn man sie an einem Sonntagmorgen in der Vor- oder Nachsaison so ziemlich für sich alleine hat (▶ S. 14).

## SEHENSWERTES

### Hochwart

Südöstlich von Mittelzell erhebt sich auf dem höchsten Punkt die Hochwart, einst Sitz des Flurwärters, der die Äcker überwachte, damit sich kein Unbefugter an der Ernte vergriff. Heute erfreut der Aussichtsplatz Spaziergänger mit schönem Panoramablick.

### Münster St. Maria und Markus

Das Münster wurde ursprünglich im 8. Jh. als erste Kirche auf der Reichenau errichtet. Heute präsentiert es sich weitgehend so, wie es Baumeister im 11. Jh. umgestaltet hatten, als Basilika mit zwei Querschiffen und einem wuchtigen Westbau mit Turm. Der spätgotische Chor aus dem 15. Jh. bildet architektonisch und baugeschichtlich den Abschluss im Osten. Im westlichen Querschiff findet sich der Markusaltar mit der Reliquie des Heiligen Markus, die 830 in den Besitz des Klosters kam.

In den einstigen Klostergebäuden, die das Münster umgeben, arbeitet heute die Gemeindeverwaltung. Sehenswert ist der Kräutergarten, in den man gelangt, wenn man dem Walahfrid-Strabo-Weg folgt. Abt Strabo hatte im 9. Jh. eine Gartenschrift »de cultura hortum« verfasst und darin Heil- und Zierpflanzen beschrieben. Nach Strabos literarischen Anweisungen haben Gärtner unserer Tage wieder einen Garten mit Salbei, Kerbel, Liebstöckel und vielen anderen Kräutern angelegt.

Mittelzell | tgl. 9–17 Uhr

### St. Georg

Die Stiftskirche von Oberzell wurde Ende des 9. Jh. unter Abt Hatto III. er-

Von außen wirkt die ursprünglich romanische Kirche St. Peter und Paul (▶ S. 115) schlicht, weshalb der stuckverzierte Innenraum im Rokokostil eine Überraschung ist.

baut. Besonders sehenswert ist das Innere mit den opulenten Wandmalereien aus dem 10. Jh. – eine so alte und vollständig erhaltene Kirchenschiffausmalung findet sich nördlich der Alpen nirgendwo sonst. In der Krypta werden wertvolle Reliquien aufbewahrt. Besichtigen kann man die Kirche nur im Rahmen einer Führung.

Oberzell | Mai–Sept. öffentliche Führungen 12.30 und 16 Uhr

### St. Peter und Paul

An der Nordwestspitze der Insel liegt die ehemalige Stiftskirche St. Peter und Paul. Die heutige Kirche wurde im 11. Jh. an Stelle des Vorgängerbaus aus dem 8. Jh. errichtet, ihr Inneres um 1750 im Stil des Rokoko neu gestaltet. In der Apsis finden sich noch Malereien aus dem frühen 12. Jh.

Niederzell | tgl. 9–17 Uhr

### MUSEEN UND GALERIEN

#### Museum Reichenau

Das Alte Rathaus beherbergt heute das Heimatmuseum der Insel, das u. a. über Landwirtschaft und Weinbau, die Baugeschichte des Münsters sowie Reichenauer Buchmalerei informiert.

Ergat 1+3 | April–Okt. tgl.10.30–16.30, Juli, Aug. bis 17.30 Uhr, Nov.–März Sa, So 14–17 Uhr | Eintritt 3 €, Kinder 1,50 €

## ÜBERNACHTEN

### Ganther Hotel & Restaurant Mohren

**Modern und behaglich** – Im historischen Stammhaus und im modernen Anbau bietet das Haus Gästezimmer unterschiedlicher Größe, mit und ohne Balkon. In allen Zimmern sorgen klare Linien, warme Farben und angenehme Materialien für modernes Wohlfühlambiente. Ein kleines Spa und gute Küche gibt es auch.

Mittelzell | Pirminstr. 141 | Tel. 07 53 49 94 40 | www.mohren-bodensee.de | 55 Zimmer |  | €€–€€€

### Mit dem Kanu um die Insel   **7**

Ganz entspannt kann man die Insel mit dem Kanu oder dem Tretboot umrunden. Wer hier gemächlich übers Wasser gleitet, trifft auf Enten und etliche andere Wasservögel. Paddeln Sie in Ufernähe, dann bieten sich in kurzen Abständen Plätze, um an Land zu gehen oder um ein Bad im See zu nehmen (▶ S. 14).

## ESSEN UND TRINKEN

### Bistro Mein Inselglück

**Frisch und anders** – Hier isst man zu jeder Tageszeit richtig gut: egal, ob Frühstück, Mittagssnack oder Abendmenü. Aus der Küche kommen knackige Salate, erntefrisches Gemüse und fangfrischer Fisch. Abends nehmen Gäste, sofern sie dazu Lust haben, in dem luftig-leicht designten Ambiente an einem langen Tisch Platz und speist in gesellinger Runde mit anderen Gästen. Der dazugehörige Hotelkomplex (3 Sterne Superior) ist ebenfalls ganz neu und punktet mit angenehm minimalistischem Interieur.

Mittelzell | Abt-Berno-Str. 3 | Tel. 07 53 49 95 59 60 | www.meininselglueck.de | 32 Zimmer | €€€

### Werkgalerie Hochwart

Auf der Hochwart betreibt die Keramikkünstlerin Juliane Epp eine Werkstatt und bewirtet Besucher im schnuckeligen Galerie-Café.

Hochwart | Tel. 0 75 34 75 10 | Di, Mi, Fr, Sa 14–18 Uhr, So bei schönem Wetter

## SERVICE

AUSKUNFT

### Tourist Information Reichenau

Neben umfangreichen Informationsbroschüren findet man hier auch die Termine für die schönen Klassikkonzerte, die im Sommer im Klosterhof stattfinden.

Mittelzell | Pirminstr. 145 | www.reichenau-tourismus.de

◎ **ALLENSBACH**  **D3**

7000 Einwohner

Nordwestlich von Konstanz, gegenüber der Insel Reichenau, liegt der kleine Luftkurort Allensbach. Bekannt geworden ist er vor allem als Sitz des Instituts für Demoskopie, das 1947 von der gebürtigen Berlinerin und Salem-Absolventin Elisabeth Noelle-Neumann (1916–2010) gegründet wurde. Jahrzehntelang hat die Meinungsforscherin mit ihren repräsentativen

Umfragen der Bundesrepublik den politischen Puls gefühlt. Heute ist Noelle-Naumanns Nachfolgerin Renate Köcher Chefin des Hauses, und auch unter ihrer Leitung erforschen Mitarbeiter die Meinung der Deutschen zu politisch relevanten Themen.

Feriengästen bietet das »kleine Dorf am See«, wie sich Allensbach selbst gern nennt, gute Luft und eine herrliche Umgebung, die zum Wandern und Radeln einlädt. Dem Allensbacher Bahnhof sollten Sie unbedingt einen Besuch abstatten, denn dort hat seit 2012 das Mühlenweg-Museum seinen Sitz, und Besucher können den Schriftsteller und Maler mit der gebrochenen Biografie kennenlernen, den vor allem seine abenteuerlichen Expeditionen durch die Mongolei geprägt haben. Auch ein Blick auf den Veranstaltungs-

kalender empfiehlt sich immer. Allensbach hat sich mit der Reihe »Jazz am See« in der Szene einen Namen gemacht. Stars wie Charlie Mariano, Richard Galliano, Till Brönner und viele andere haben schon in Allensbach gespielt. Veranstaltungsort für die Jazzkonzerte ist eine moderne Kirche, die nicht nur mit einer exzellenten Akustik, sondern, hoch gelegen, mit einem einmalig schönen Blick über den Untersee aufwarten kann.

10 km westl. von Konstanz

## SEHENSWERTES

### Mühlenweg-Museum

Fritz Mühlenweg (1898–1961) wurde in Konstanz als Sohn eines Drogisten geboren und trat auf Wunsch der Familie zunächst in die väterlichen Fußstapfen. Doch weil ihm dieser Beruf so gar

Allensbach – die meisten verbinden den Namen wohl nur mit dem Institut für Demoskopie. Doch der kleine Ort am Bodensee (▶ S. 116) hat mehr zu bieten als Zahlen und Hochrechnungen.

keine Freude machte, wechselte er als kaufmännischer Angestellter zur damals neu gegründeten Deutsche Luft Hansa AG. Dort war Mühlenweg an den Vorbereitungen einer Expedition beteiligt, die vom schwedischen Geologen Sven Hedin geleitet wurde und das Ziel hatte, im Dienste der Luftfahrt die klimatischen und topografischen Gegebenheiten in der Mongolei zu erkunden. 1928 konnte Mühlenweg sogar selbst an der Expedition teilnehmen und kehrte später noch zweimal in die Mongolei zurück.

Seine Eindrücke verarbeitete er literarisch, verfasste Bücher für Kinder und Erwachsene, die von Begegnungen mit fremden Menschen erzählen und für Weltoffenheit und Toleranz werben. Das Museum lädt ein, in seinen Büchern zu schmökern und sich an den Hörstationen aus seinen Werken vorlesen zu lassen. Gezeigt werden Fotografien, ein Expeditionsfilm und sogar ein Käse, den Mühlenweg einst in seinem Proviantbeutel durch die Mongolei getragen hat und der heute in einer Schublade verwahrt wird.

Konstanzer Str. 12 | Juni–Ende Sept. Mo–Fr 10–18, Sa 10–13, Okt.–Ende Mai Mo–Fr 9–12, 14–17 Uhr | Eintritt 3 €, Kinder 1,50 €

### Wild- und Freizeitpark

Luchse, Bären, Wisente und verschiedene Hirscharten – der Wildpark wird von allerhand Tieren bevölkert und lädt zu familientauglichen Spaziergängen ein. Einen Abenteuerspielplatz gibt es auch.

Gemeinmark 7 | www.wildundfreizeit park.de | Mai–Sept. 9–18, Okt.–April 10–17 Uhr | Eintritt 9 €, Kinder 7 €

## KULTUR UND UNTERHALTUNG

### Jazz am See

Jedes Jahr finden von Januar bis Dezember verteilt sieben hochkarätige Jazzkonzerte statt, der Vorverkauf läuft über das Kulturbüro.

www.allensbach.de/kultur

### Tai Chi am See

Wem die generelle Entspannung während eines Bodenseeurlaubs nicht genügt, der kann sich im Stadtpark mit Gleichgesinnten zum Tai Chi und Qi Gong treffen und den Körper auf Harmonie-Kurs bringen. In den Sommermonaten gibt es zweimal wöchentlich professionelle Anleitung. Der See ist aber den ganzen Tag da – Yoga mit Bodenseeblick kann man somit jederzeit machen (▶ S. 14).

## SERVICE

AUSKUNFT

### Kultur- und Verkehrsbüro Allensbach

Konstanzer Str. 12 (im Bahnhof) | www. allensbach.de | Mo–Fr 9–12, 14–17 Uhr

# RADOLFZELL ⚓ C 2/3

30 300 Einwohner

Radolfzell ist die größte Stadt am westlichen Bodensee. Haupterwerbszweige sind der Maschinenbau, die Automobilzulieferung und die Textil- und Nahrungsmittelindustrie. Außerdem ist Radolfzell als Kurort mit Kliniken auf der Halbinsel Mettnau bekannt. Die schöne Altstadt mit ihren kleinen Gassen ist für einen entspannten Einkaufsbummel bestens geeignet.

Die Halbinsel Mettnau (▶ S. 119) ist mit ihrem großen Naturschutzgebiet zur Heimat zahlreicher Entenarten geworden, die in den für Boote gesperrten Schilfbuchten brüten.

## SEHENSWERTES

### Halbinsel Mettnau

Hier verbringen die Radolfzeller ihr Wochenende! Die Mettnau, die sich im Südosten ans Stadtgebiet anschließt, zählt zu den schönsten Fleckchen am Bodensee und ist ein beliebtes Naherholungsgebiet mit Spazier- und Radwegen. Ziel vieler Ausflügler ist das Strandcafé, in seiner Nähe erhebt sich der Mettnauturm, ein 18 m hoher Aussichtsturm aus Holz.

Ebenfalls auf der Halbinsel liegt das Scheffelschlösschen, ein in auffälligem Rosa gehaltener Palast im Stil der Neo-renaissance, in dem der Schriftsteller Joseph Victor von Scheffel (1826–1886) seine letzten Lebensjahre verbrachte. Ende des 19. Jh. gehörte von Scheffel zu den populärsten Schriftstellern Deutschlands. Sein bis heute bekanntestes Werk ist »Der Trompeter von Säckingen«.

### Kampf um Europa 🚩

»Kampf um Europa« heißt das jüngste Werk von Bildhauer Peter Lenk, das im Sommer 2013 an der Fassade eines Neubaukomplexes am Rande der Altstadt von Radolfzell enthüllt wurde. Es rechnet mit der aktuellen Europa-politik ab und zeigt symbolisch, wie Politiker und Wirtschaftsleute die gefesselte Europa ausplündern. Deutlich erkennbar sind u. a. Angela Merkel, der damalige Kanzlerkandidat Per Steinbrück und der Fußballmanager Uli Hoeneß.

Sankt-Johannis-Straße | Informations-broschüre 2,50 €, erhältlich bei der Tourist Information

---

# Wollen Sie's wagen?

*Den Alltag zurücklassen und sich auf sich selbst konzentrieren – ein Aufenthalt im Kloster Hegne bei den Barmherzigen Schwestern vom Heiligen Kreuz bietet Frauen diese Chance, verlangt aber auch, dass man sich mit einem sehr spärlich ausgestatteten Zimmer bescheidet und auf mediale Ablenkungen verzichtet. Ganz nach Wunsch können Sie die Gebets- und Gesprächsangebote der Schwestern annehmen oder aber ganz für sich sein. Den Gästen steht eine Küche zur Verfügung, in der sie sich selbst verpflegen.*

Konradistr. 12 | www.kloster-hegne.de

---

## Münster Unserer Lieben Frau

Auf dem Marktplatz erhebt sich in der Mitte der Stadt das Münster Unserer Lieben Frau, zwischen 1436 und 1550 im spätgotischen Stil erbaut. Der heutige Kirchturm wurde erst 1902/03 angefügt und ist der höchste am Bodensee. Im Inneren verdient vor allem die Kreuzigungsgruppe, bestehend aus den Figuren Christus am Kreuz, Muttergottes und Jünger Johannes – ein Werk des Bildhauers Hans Schenck (um 158–1648) – Beachtung.

## MUSEEN UND GALERIEN

### Stadtmuseum

Seit 2006 ist das Museum in der ehemaligen Stadtapotheke von 1689 untergebracht. Deren Verkaufsraum aus der Biedermeierzeit ist eine der Hauptattraktionen. Neben der Ausstellung zur Stadtgeschichte ist eine Gemäldesammlung mit Werken von Carl Spitzweg (1808–1885) beachtenswert.

Seetorstr. 3 | www.radolfzell.de/stadtmuseum | Di–So 11–17 Uhr | Eintritt 4 €, Kinder 2 €

## ÜBERNACHTEN

### ArtVilla am See ▶ S. 24

## ESSEN UND TRINKEN

### Strandcafé Mettnau ▶ S. 30

## EINKAUFEN

### Radolfzeller Abendmarkt

Im Sommer kann man sich einmal wöchentlich auf ein besonderes Markterlebnis freuen, denn der sehr beliebte Wochenmarkt der Stadt findet von Ende Juni bis Mitte September zusätzlich auch am Donnerstagnachmittag und -abend statt – jede Woche steht er unter einem anderen Motto.

Neben frischen Lebensmitteln aus der Region und Imbissbuden mit leckerem Angebot werden den Marktbesuchern zum Feierabend auch musikalische Darbietungen und schönes Kunsthandwerk geboten.

Marktplatz | Ende Juni–Mitte Sept., 16–20 Uhr

## SERVICE

AUSKUNFT

**Tourismus- und Stadtmarketing Radolfzell**

Bahnhofplatz 2 | www.radolfzell-tourismus.de | Mai–Sept. Mo–Fr 9–18, Sa, So 10–13, Okt.–April Mo–Fr 9–13,14–17, Sa 10–13 Uhr

## Ziele in der Umgebung

### ◎ SINGEN
46 000 Einwohner

✈ B/C 2

Schon von Weitem sichtbar ist der frei stehende Vulkankegel, der sich hinter der Stadt als Kulisse auftürmt. Hohentwiel heißt Singens Hausberg, der zu den sonnenreichsten Orten Deutschlands zählt. Für die adeligen Herren, die sich hier im Mittelalter niederließen und auf der Bergspitze eine Burg bauten, dürfte allerdings die strategisch günstige Lage mit dem Rundumblick ausschlaggebend für die Standortwahl gewesen sein. Heute ist die einstige Festung eine Ruine und zieht, als eine der deutschlandweit größten ihrer Art, Burgen- und Mittelalterfans in ihren Bann. Besonders groß ist der Ansturm im Juli, wenn auf dem Berg ein Festival mit Konzerten, Theater- und Kleinkunstdarbietungen gefeiert wird.

Die Stadt zu Füßen des Hohentwiel entwickelte sich vor allem nach ihrem Anschluss ans Eisenbahnnetz im Jahr 1863 rasant zu einem Industriestandort. Wesentlichen Anteil daran hatte der Schweizer Unternehmer Julius Maggi. Der brachte 1887 eine Fabrik für Suppenwürzmittel an den Start, was einen starken Zustrom von Arbeitskräften nach sich zog. Der Brühwürfelerfinder muss ein vorbildlicher Arbeitgeber gewesen sein. Schon früh führte Maggi eine Betriebskrankenkasse und eine Rentenversorgung ein. Mit anderen Unternehmen am Ort, u. a. dem Singener Aluminiumwerk, verbindet sich dagegen ein unrühmliches Kapitel deutscher Industriegeschichte: Während der Nazidiktatur mussten hier Tausende Zwangsarbeiter schuften.

Singens Stadtbild präsentiert sich heute nüchtern und praktisch ohne historische Bausubstanz. In der City bieten gesichtslose Einkaufsstraßen reichlich Gelegenheit zum Shopping. Mittendrin liegt das Kunstmuseum, das sich Fans moderner Malerei auf keinen Fall entgehen lassen sollten. Kunst anschauen – das geht in Singen aber auch ohne Museumsbesuch. Der »Paradiesbaum« von Peter Lenk und etliche andere Skulpturen schmücken den öffentlichen Raum.

10 km westl. von Radolfzell

### Unter Obstbäumen träumen

70 alte Obstsorten sind im Sortengarten nahe Radolfzell versammelt. Wenn das Obst reif ist, darf jeder probieren – naschen ist ausdrücklich erlaubt. Ein herrliches Fleckchen ist der Garten aber auch im Frühling. Breiten Sie eine Decke unter den blühenden Bäumen aus, und während die Bienchen fleißig sind, können Sie in den Himmel schauen und träumen (▶ S. 14).

## SEHENSWERTES

### Festungsruine Hohentwiel

Obwohl Hohentwiel, die einstige Residenz der Herzöge von Schwaben, als uneinnehmbar galt, wurde die Burg im Jahr 1800, als eine Division des napoleonischen Heeres vor den Toren stand, kampflos verlassen und anschließend von Napoleons Männern gesprengt. Die Ruine mit ihren Verteidigungsmauern, Turmstümpfen und Häusern liegt heute inmitten eines Naturschutzgebietes, Autos müssen unten auf dem Parkplatz bleiben. Der Aufstieg zur Ruine dauert etwa eine halbe Stunde.

Auf dem Hohentwiel 2a │ www.festungs ruine-hohentwiel.de │ April–Mitte Sept. 9–19.30, Mitte Sept.–Okt. 9–18, Nov. – März 10–16 Uhr; Führungen So und feiertags 11 und 14 Uhr │ Eintritt 4 €, Kinder 2 €

### Kunstpfad SkulpTour – Kunst im öffentlichen Raum

An vielen Stellen der Stadt, auf Plätzen und im Rathaus, finden sich Werke renommierter Künstler, im Kunstmuseum gibt es ein Infoheft zum Kunstpfad.
– Konstellation: Roland Martin schuf die Freiplastik 1970, als fünfteiliges Stelenensemble, das trotz des verwendeten Materials, Metall, irgendwie lebendig-organisch wirkt. (Vor der Beethovenschule, Am Posthalterswäldle 71)
– Krieg und Frieden: Wandbild, mit dem Otto Dix in den 1960ern den Singener Ratssaal dekorierte. (Im Rathaus, Hohgarten 2)
– Männliche Figur: Stephan Balkenhol schuf die Holzplastik, die vom obersten Arkadengang des denkmalgeschützten Wasserturms der Firma Maggi in die Ferne blickt. Für den Künstler stellt sie den neuen Typus des »Durchschnittsmenschen« dar. (Maggi-Werksgelände (heute Nestlé), Julius-Bührer-Str. 8)

– Paradiesbaum: Mit karikaturhaft verfremdeten Figuren nimmt Peter Lenk das Denken seiner Zeitgenossen, die Verlockungen der Ferne und die scheinbar unerträgliche Enge der Heimat aufs Korn. (Scheffelstr./Hegaustr.)

## MUSEEN UND GALERIEN

### Kunstmuseum Singen

Museumsleiter Christoph Bauer und sein Team haben von der Schließung eines Drogeriemarktes profitiert. Da der Raum als Verkaufsfläche nicht mehr benötigt wurde, hat ihnen die Stadt mehr Platz für die Kunst spendiert – seit Kurzem können Wechselausstellungen und Bestände auf 1000 qm gezeigt werden. Zu den Sammlungen des Hauses gehören Werke der »Höri-Künstler«, jener Maler, zu denen auch Otto Dix gehörte, die in der Nazizeit verpönt waren und die sich in die Abgeschiedenheit der Höri zurückgezogen hatten. Außerdem hat sich das Museum auf nach 1945 entstandene Kunst aus Südwestdeutschland und auf Zeitgenössisches aus der deutsch-schweizerischen Grenzregion spezialisiert.

Ekkehardstr. 10 │ www.kunstmuseum-singen.de │ Di–Fr 14–18, Sa, So 11– 17 Uhr │ Eintritt 5 €, erm. 3 €, Kinder bis 6 J. frei

### MAC Museum Art & Cars

Unterhalb der Festungsruine Hohentwiel findet sich mit dem MAC Museum ein Beispiel für mutige zeitgenössische Architektur. Auch das neue Gebäude wirkt wie eine Festung, wie eine ganz moderne aus Beton allerdings. Drinnen lassen sich seltene Oldtimer bestaunen und in wechselnden

Wer einen Ruheort für Geist und Sinne sucht, wird ihn bei einem Spaziergang durch die Bauerngärten auf der Halbinsel Höri ( ▶ MERIAN TopTen, S. 123) finden.

Ausstellungen Kunstwerke, die einen Bezug zum Thema Auto haben.

Parkstr. 1 | www.museum-art-cars.com | Mi–Fr 14–18, Sa 13–18, So 11–18 Uhr | Eintritt 7 €, Kinder 4 €

### ESSEN UND TRINKEN

#### Café Restaurant Tafelspitz

**Frisch und fein** – In einer schicken Stadtvilla kann man in regionaler und mediterraner Küche schwelgen, sonntags gibt's feinen Braten.

Erzberger Str. 8a | Tel. 07 73 19 75 91 44 | Mo–Fr 9–20, Sa 9–19, So 10–18 Uhr | €–€€

### SERVICE

AUSKUNFT

#### Tourist Information

Marktpassage, August-Ruf-Str. 13 | www.in-singen.de | Mo–Fr 9–18, Sa 10–13 Uhr

### ◎ HÖRI ⭐                                                    C3

Die Halbinsel Höri liegt im äußersten Zipfel Deutschlands, zwischen Radolfzell und der Schweizer Grenze am Ufer des Bodensees. Gaienhofen, Moos, Öhningen und Bohlingen heißen die Dörfer, die sich hier in der hügligen Landschaft verstecken; Orte, von denen nur die wenigsten je etwas gehört haben. Die Abgeschiedenheit der Höri war auch der Grund, warum während der Zeit der Naziherrschaft viele Künstler hierherzogen – solche, die politisch in Opposition zum Regime standen, und solche, die einfach abseits der politischen Wirren und des Terrors in aller Ruhe arbeiten wollten. Außerdem war auch die nahe Schweiz ein Bonus, im schlimmsten Fall konnte man dann dorthin über die grüne Grenze flüchten.

Das Museum Haus Dix (▶ S. 125) präsentiert gekonnt die verschiedenen Wohn- und Lebensphasen des Künstlers, der hier über drei Jahrzehnte lang mit seiner Familie lebte.

Die Künstler, die zur Nazizeit auf die Höri zogen, folgten den Spuren des Schriftstellers Hermann Hesse (1877–1962). Der hatte bereits zu Anfang des 20. Jh. Gaienhofen als Wohnort gewählt. Nach der Hochzeit und mit den Tantiemen seines erfolgreichen Romans »Peter Camenzind« in der Tasche, zogen Hesse und seine Frau Mia 1904 auf die Höri. Zunächst wohnten sie in einfachsten Verhältnissen bei einem Bauern zur Miete, später bauten sie ein eigenes, durchaus luxuriöses Haus. Mit ihrem Umzug aufs Land folgen die beiden den Zielen der Lebens-reformbewegung, mit der sie sympathisierten und die sich Kritik an Industrialisierung und Urbanisierung auf die Fahnen geschrieben hatte. Ein möglichst naturnahes Leben galt als anzustrebendes Ideal. Nicht ohne Stolz erwähnt Hesse in den Briefen an seine Freunde immer wieder, wie anspruchslos er auf dem Land lebe und er, mangels Handwerker, alle Reparaturen selbst ausführen müsse. Der Umzug auf die Höri brachte Hesse aber kein Glück – sein schriftstellerisches Schaffen geriet ebenso in eine Krise wie seine Ehe. Vielleicht folgerichtig, dass er 1912 aus Gaienhofen wieder fortzog. Den Namen der Höri aber hatte er in Künstlerkreisen bekannt gemacht.

Der Maler Otto Dix war mehr als 20 Jahre später der Erste, der wegen der Verfolgung durch die Nazis hierher, an die Schweizer Grenze, zog. Nachdem ihm die Professur in Dresden entzogen worden war, ließ sich Dix 1935 in Gaienhofen nieder. Max Ackermann folgte 1936 und 1944 zog auch der bekannte Expressionist Erich Heckel, Mitbegründer der Künstlerbewegung »Die Brücke«, hierher. Während der Zeit der Nazidiktatur umfasste die Gruppe der Höri-Künstler weit mehr als 20 Personen. Ihr Wirken scheint bis in die heutige Zeit auszustrahlen, denn in den Dörfern der Höri leben immer noch auffallend viele Künstler, die sich von der Natur der Halbinsel inspirieren lassen.

## MUSEEN UND GALERIEN

### Hermann-Hesse-Höri-Museum

Früher drückten hier die Dorfkinder die Schulbank. Heute ist in der alten Schule das Hermann-Hesse-Höri-Museum untergebracht. Es dokumentiert sowohl das Leben Hesses auf der Höri, als auch das Wirken der anderen bedeutenden Mitglieder der Künstlerkolonie. Spannend ist die Auseinandersetzung mit dem Werk des Schriftstellers Ludwig Finckh, einem guten Freund Hesses. Im Gegensatz zu den anderen Höri-Künstlern war Finkh aber ein strammer Nazi, der 1933 zu den 88 Schriftstellern gehörte, die das »Gelöbnis treuester Gefolgschaft« an Adolf Hitler unterzeichneten. Gaienhofen | Kapellenstr. 8 | www. hermann-hesse-hoeri-museum.de |

Mitte März–Okt. Di–So 10–17, Nov.–Mitte März Fr, Sa 14–17, So 10–17 Uhr | Eintritt 5 €, Kinder 2 €

### Hermann-Hesse-Haus

Das von Hermann und Mia Hesse selbst erbaute Haus, in dem sie zwischen 1907 und 1912 lebten, sowie der umliegende Garten können im Rahmen von Führungen besichtigt werden. Gaienhofen | Hermann-Hesse-Weg 2 | www.hermann-hesse-haus.de

### Museum Haus Dix ⚑

Das ehemalige Wohnhaus der Familie Dix, in dem Otto Dix bis zu seinem Tod 1969 lebte und das lange vom Verfall bedroht war, kann seit 2013 als Museum besucht werden. Teilweise fanden auch Originalmöbel wieder ihren Weg zurück in das Haus. Gaienhofen, OT Hemmenhofen | Otto-Dix-Weg 6 | Ende März–Okt. Di–So 11–18 Uhr | Eintritt 5 €, erm. 4 €, Kinder 2 €

### ESSEN UND TRINKEN

### Hotel Gasthaus Hirschen

**Große Portionen** – In der rustikalen Wirtsstube wird Gutbürgerliches zu reellen Preisen kredenzt. Genau das Richtige nach einer Wanderung. Im Haus kann man auch übernachten – einfach, sauber und preiswert. Gaienhofen, OT Horn | Kirchgasse 3 | Tel. 07 73 59 33 80 | www.hotelhirschen-bodensee.de

### SERVICE

AUSKUNFT

### Tourismus Untersee

Gaienhofen | Im Kohlgarten 2 | www. tourismus-untersee.eu

# Im Fokus
## Zum Dreh an den See

*Ob Heimatfilm der 1950er, »Tatort« oder »James Bond« –
der Bodensee lieferte schon für viele Film- und Fernseh-
produktionen stimmungsvolle Kulissen. Nicht immer
ohne bürokratische Hürden.*

Maria, eine junge Frau, lebt bei ihrem Großvater am Bodensee. Der ist
Fischer, hat das unehelich geborene Mädchen großgezogen. Wie ihr
Großvater, so verdient auch Maria ihr Geld mit dem täglichen Auslegen
der Netze und dem Verkauf des Fangs auf dem Markt in Bregenz. Ein
Fischzüchter, der die Marktpreise drückt, und die Zwillingstöchter eines
reichen Holzhändlers machen der jungen Frau das Leben schwer. Hans
aber, der Sohn des Fischzüchters, ist in die schöne, unnahbar wirkende
Maria verliebt und versucht, ihr zu helfen. Nach einer Reihe von Ver-
wicklungen finden die beiden zueinander und miteinander das große
Glück. Das ist, in kurze Form gebracht, die Handlung des Heimatfilms
»Die Fischerin vom Bodensee«, der 1956 vor der Kulisse von Friedrichs-
hafen, Hagnau, den Pfahlbauten von Unteruhldingen und an anderen
Schauplätzen am Bodensee gedreht wurde. Ein bisschen gemogelt hat die
Filmcrew dabei schon: So wurde die Szene, die auf dem Markt in Bregenz
spielt, am Hafen von Meersburg auf der anderen Seite des Sees gedreht.

◀ Großes Heimatkino der 1950er-Jahre: »Die
Fischerin vom Bodensee«, mit Film-Großvater.

Für das romantische Tête-à-Tête – die erste Liebensnacht der Protagonisten – hatte die Crew von Regisseur Harald Reinl seinerzeit die der Halbinsel Mettnau vorgelagerte Liebesinsel ausgewählt. Weil ihnen die natür-
liche Frühlingskulisse dort nicht opulent genug erschien, legten die
Requisiteure den Bäumen üppigen künstlichen Blumenschmuck an.
Den Namen Liebesinsel trug das rund 2600 qm große Eiland aber schon
lange, bevor der rührselige Streifen gedreht wurde. Offenbar hatten nicht
erst die Heimatfilmer das unbewohnte Fleckchen im Untersee als geeig-
neten Ort für amouröse Begegnungen entdeckt. Für den Fremdenverkehr
in der Bodenseeregion war der Film eine ziemlich nachhaltige Marketing-
initiative. Jahrzehntelang wurde die Heimatschmonzette immer wieder
mal in den dritten Fernsehprogrammen ausgestrahlt und brachte die
attraktiven Schauplätze in die deutschen Wohnzimmer – für die Stadt
Radolfzell Anlass genug, im Jahr 2006 den 50. Geburtstag der »Fischerin«
mit einer großen Ausstellung zu feiern.

## NACH DER LIEBE KAMEN MORDE

In den 1960er-Jahren war der Heimatfilm passé, die Filmschaffenden
wendeten sich anderen Genres zu. Der Bodensee aber blieb weiterhin
gefragte Film- und Fernsehkulisse; u. a. bei den Machern der TV-Krimi-
reihe »Tatort«. Seit 2002 ermittelt Kriminalhauptkommissarin Klara
Blum, gespielt von Eva Mattes, in Konstanz und Umgebung. Seit 2004
steht ihr dabei Hauptkommissar Kai Perlmann, in der Gestalt von Schau-
spieler Stephan Bezzel, zur Seite. Zwei Folgen Bodensee-»Tatort« pro Jahr
ließ der Südwestfunk produzieren. Oft war es gerade der Kontrast zwischen der malerischen Umgebung und der Grausamkeit eines Verbre-
chens, den die Drehbuchschreiber effektvoll in Szene setzten. In der Folge
»Das schwarze Haus«, dem 19. »Tatort« vom Bodensee, ermitteln die TV-
Kommissare in einer Künstlerkolonie, wo ein Maler heimtückisch ermordet wurde. Der Fernsehgemeinde wird der Campingplatz Sandseele auf
der Insel Reichenau zunächst als perfektes Idyll präsentiert: Leichter
Nebel liegt über dem Wasser, die Sonne scheint, Vögel zwitschern. Plötzlich ein lauter Knall, eine Stichflamme lodert gen Himmel. Der Camping-
wagen eines Musikers ist explodiert, kein Unfall, wie sich bald heraus-
stellt, der Wagen wurde mit Absicht in die Luft gesprengt. Auch der
Musiker stand unter Verdacht, den Maler ermordet zu haben …

Die unmittelbare Nähe zur Schweiz hat die »Tatort«-Drehbuchautoren immer wieder zur Konstruktion von mörderischen Plots angeregt. Fälle, die Blum und Perlmann aufzuklären hatten, standen oft im Zusammenhang mit illegalen Finanztransfers. In der Folge »Château mort« (Februar 2015) geht es auch um Schwarzgeld, dazu um wertvolle Weine und eine Leiche, die in einem zugemauerten Weinkeller gefunden wird, den Kommissar Perlmann unter einem Parkhaus in der Konstanzer Altstadt entdeckt. Das Zollhäuschen in Tägerwilen bei Konstanz können Fernsehzuschauer u. a. in der Folge »Winternebel« sehen. Mit einer Tüte voller Lösegeld läuft das Entführungsopfer dort von der deutschen auf die Schweizer Seite.

## ETWAS MOGELN MUSS SEIN

Ein bisschen Trickserei gehört auch beim »Tatort« dazu, wenn es darum geht, die schönen Bodenseelandschaften effektvoll ins Drehbuch zu integrieren. So lässt man Kommissarin Blum auf ihrem Weg von Konstanz in die Schweiz über den von Pappeln gesäumten Damm fahren. In Wirklichkeit führt der Damm auf die Insel Reichenau und endet dort. Aber das wissen nur die Ortskundigen. Das Gros der »Tatort«-Zuschauer wundert sich über die Dienstfahrt auf der wunderschönen Alleenstraße sicherlich nicht. Für die 2013 erstmals ausgestrahlte »Tatort«-Folge »Die schöne Mona ist tot« wählten die Location-Scouts die Marienschlucht am Südufer des Überlinger Sees aus. In der »Tatort«-Welt ist dort ein Auto von einer Klippe in den See gestürzt. In Wirklichkeit gibt es über der spektakulären Schlucht gar keine Straße, auf der ein Auto fahren und in die Tiefe stürzen könnte. Weil der Drehort in einem Naturschutzgebiet liegt, musste das Team strenge Auflagen erfüllen – eine Spezialfirma hatte den Wagen vor dem »Absturz« von umweltschädlichen Flüssigkeiten befreit.

## ECHTER ZOLL BEI FALSCHEN KOMMISSAREN

Dass die Behörden das Treiben der »Tatort«-Crew mit Argwohn beäugen, kommt trotzdem gelegentlich vor, sagt Henry Gerlach, der mit Fans der Serie in Konstanz »Tatort-Führungen« macht. So war der Zoll sofort zur Stelle, als beim »Tatort«-Dreh im Hafen von Konstanz eine Yacht, die man zuvor eigens zu diesem Zweck aus dem schweizerischen Romanshorn geholt hatte, per Kran aus dem Hafenbecken gehievt wurde. »Wenn ein Schweizer Schiff in einem deutschen Hafen aus dem Wasser gehoben wird, handelt es sich um einen Import, und dann wird Einfuhrzoll fällig«, klärt Gerlach auf. »Die Fernsehcrew musste also Überzeugungsarbeit leisten und den Männern vom Zoll klarmachen, dass die Yacht beim Dreh lediglich aus dem Wasser gehoben, nicht aber an Land gebracht werden sollte. Am Ende des Drehtages käme sie ohnehin wieder in die Schweiz zurück. Die Beamten hätten dann stundenlang am Hafen verweilt, um das Geschehen rund um die Yacht im Blick zu behalten. Ob professionelles Misstrauen oder Spaß am Zuschauen der Grund dafür waren? Das weiß auch der Konstanzer »Tatort«-Experte nicht. Fest steht aber, dass sich die Männer vom Zoll keinen Imbiss an der Würstchenbude bestellen konnten, an dem sich TV-Kommissarin Blum und ihr Schweizer Kollege Matteo Lüthi das eine oder andere Bierchen genehmigen. Die anheimelnde Bockwurststation vor der Hafenhalle wird einzig und allein für den Fernsehdreh-Bedarf aufgebaut.

Der kanadische Regisseur David Cronenberg kam vor ein paar Jahren an den Bodensee, um einige Szenen seines Films »A dangerous method« (deutsch »Eine dunkle Begierde«) zu drehen. Eigentlich sind Wien und der Zürichsee die Orte der Geschichte, die Anfang des 20. Jh. spielt und sich um den Psychiater C. G. Jung und dessen Affäre mit einer Patientin dreht. Die Gegend am Zürichsee war Cronenbergs Location-Scouts zu stark zersiedelt. In Überlingen und Konstanz fanden sie geeignete Drehorte. Das Konstanzer Humboldt-Gymnasium »spielt« in dem Film die Burghölzli-Klinik, ein psychiatrisches Krankenhaus in Zürich und einst Wirkungsstätte von Psychiater C. G. Jung.

## ACTION IN DER OPER

Daniel Craig, alias James Bond, ließ Regisseur Marc Forster 2008 für den Streifen »Quantum of Solace« (deutsch »Ein Quantum Trost«) auf der spektakulären Bregenzer Seebühne agieren. Während einer Aufführung von »La Traviata« spielt sich eine wilde Verfolgungsjagd zwischen dem Geheimagenten und »den Bösen« ab.

Keine Helden vom Format eines James Bond, sondern echte Menschen stehen im Mittelpunkt des Dokumentarfilms »Landschaftsgeschichten« von Marcus Welsch. Er wurde auf der Höri gedreht, einem entlegenen Zipfel Deutschlands, den Juden und ihre Fluchthelfer während des Zweiten Weltkriegs als Schlupfloch nutzten. Den Filmemacher interessierten die Biografien der Höri-Bewohner, er lässt sie erzählen, wie sie ihre (Wahl-)Heimat erleben und wie sie ihre Umgebung prägt. Wer der Film anschaut (es gibt ihn auch auf DVD) und den Protagonisten zuhört, ist am Ende überzeugt: So besonders wie die Landschaft, so sind auch die Menschen, die auf der Höri leben.

# DIE SCHWEIZER BODENSEESEITE

*Wassersport in Romanshorn, Bilderbuchkulisse
in Arbon und Kultur pur sowie Welterbe in St. Gallen –
die Schweizer Seite des Sees bietet allerhand zum Staunen,
und Kunstliebhaber kommen auf ihre Kosten.*

Anders als am deutschen Nordufer des Bodensees spielt der Tourismus auf der schweizerischen Südseite nicht die alles dominierende Rolle. In den Schweizer Orten am See hat sich kleine und mittelständische Industrie angesiedelt. Uferpromenaden, an denen es sich herrlich spazieren, radeln oder skaten lässt, finden sich aber auch hier. In Rorschach wartet die Uferzone sogar mit einem Skulpturengarten auf: Hier hat der Privat-Sammler Reinhold Würth den »Bär« und andere Mosaik-Skulpturen der französisch-schweizerischen Künstlerin Niki de Saint Phalle auf die Wiese setzen lassen. Zudem hat er mit seinem **Forum Würth 8** ein Kunstmuseum geschaffen, das Hochkarätiges bietet: Picasso, Kirchner, Roy Lichtenstein, Max Ernst und Anselm Kiefer, um nur einige zu nennen. **St. Gallen 9**, die Hauptstadt des gleichnamigen Kantons, liegt nur 15 km vom Ufer des Bodensees entfernt. Doch wer durch das schmale

◄ Am Schweizer Bodenseeufer haben auch
Kühe einen Panoramaplatz.

Rund um
Konstanz

Von Immenstaad
zum Überlinger
See

Von Lindau bis
Friedrichshafen

Die Schweizer
Bodenseeseite

Der
österreichische
Bodensee

Hochtal auf die Stadt zufährt, taucht bereits in eine ganz andere Landschaftskulisse ein. Die Alpengipfel rücken näher, der Bodensee scheint sehr weit weg. Von Weitem schon sieht man die mächtigen Türme der Kathedrale. Sie ist das Herzstück des weltberühmten St. Gallener Stiftsbezirks, den die UNESCO zum Weltkulturerbe zählt. Und auch die Stiftsbibliothek gehört dazu: Hier werden in grandiosem Barockambiente über 1000 Jahre alte Handschriften aufbewahrt, Kunstwerke, die Mönche einst mit Federkiel und goldener Tinte auf Pergament geschaffen haben.

## KLEINE STADT MIT GROSSEM FLAIR

Sehenswert ist auch das Städtchen Arbon. Das lockt mit seiner malerischen Altstadt, mit dem Schloss, mit seinem langen gepflegten Seeuferweg und einem Strandbad, das der Schweizer Heimatbund zu einem der schönsten des Landes gekürt hat.

## KREUZLINGEN  D3

*21 200 Einwohner*

Mit einem Ausländeranteil von mehr als 52 Prozent (davon die meisten Deutsche) gehört Kreuzlingen zu dem halben Dutzend Städte in der Schweiz, in denen die Eidgenossen in der Minderzahl sind. Die Stadt ist zusammengewachsen mit dem benachbarten Konstanz. Neben dem Weinanbau spielt die Industrie eine große Rolle, größter Arbeitgeber ist der Rüstungskonzern General Dynamics.

### SEHENSWERTES

**Schloss Seeburg**

Schloss Seeburg, das dem gleichnamigen Park den Namen gegeben hat, wurde 1598 erbaut und diente später den Äbten des Kreuzlinger Augustinerstiftes als Sommersitz. Mitte des 19. Jh. baute man es im Stil des Historismus um. Bis in die 1960er-Jahre stand das Schloss direkt am See – seinen Platz in der »ersten Reihe« verlor es, weil damals der Bodensee zur Landgewinnung aufgeschüttet wurde. Heute ist in dem Schloss ein Restaurant untergebracht (www.schloss-seeburg.ch).

### MUSEEN UND GALERIEN

**Museum Rosenegg**

Das Museum beschäftigt sich in vier Dauerausstellungen mit sehr unterschiedlichen Themen: Wohnkultur – hier werden historische Räume aus

dem 17. Jh. gezeigt (z. Zt. wegen Renovierung geschlossen) –, Messgeräte und Gewichte sowie regionale Berühmtheiten. Für Besucher aus Deutschland ist aber vor allem der vierte Teil des Museums interessant: Unter der Überschrift »Hüben und Drüben« beleuchtet man die Besonderheiten der Grenzlage von Kreuzlingen und Konstanz.
Bärenstr. 6 | www.museumrosenegg. ch | Mi 17–19, Fr 14–17, So 14–17 Uhr | Eintritt 8 CHF, Kinder 5 CHF, erster Mi im Monat frei

### Pause im Klostergarten

Schaffhausen ist ein geschäftiges Städtchen. Ein wunderbarer Ort für eine Verschnaufpause ist der Klostergarten der einstigen Benediktinerabtei. Sein Kreuzgang spendet Schatten und strahlt eine Atmosphäre der Ruhe aus. Setzten Sie sich auf eine der Bänke bei den Beeten und lassen Sie sich den Duft der Heilpflanzen und Gewürzkräuter in die Nase steigen (▶ S. 15).

### Seemuseum

Am Rand des Seeburg-Parks liegt das Seemuseum nur wenige Schritte vom Hafen und der Deutsch-Schweizer Grenze entfernt. Es ist im ehemaligen Kornhaus des Augustinerstifts von 1680 untergebracht und befasst sich mit der Geschichte und Gegenwart der Fischerei und der Schifffahrt auf dem Bodensee.
Seeweg 3 | www.seemuseum.ch | Juli–Sept. Di–So 11–17, Okt.–Juni Mi, Sa, So 14–17 Uhr | Eintritt 8 CHF, Kinder 5 CHF

**Kreuzlingen Tourismus**
Hauptstr. 39 | www.kreuzlingen-tourismus.ch | Mai–Sept. Mo–Fr 10–12.30, 13.30–18, Sa 10–12.30, Okt.–April Mo–Fr 10–12.30, 13.30–17 Uhr

## Ziele in der Umgebung

◎ **WINTERTHUR**                    B 4/5
105 000 Einwohner

Rund 40 km liegen zwischen Bodenseeufer und Winterthur, der zweitgrößten Stadt im Schweizer Kanton Zürich. Einst war Winterthur international für seine Maschinenindustrie bekannt. Doch die großen Unternehmen sind – nachdem sie weite Teile ihrer Produktion ins Ausland verlagert haben – am Standort auf den Bruchteil ihrer einstigen Größe zusammengeschrumpft. Aus der Industriestadt ist eine Dienstleistungs- und Kulturmetropole mit etlichen Museen und Galerien geworden. Da ist zum Beispiel das Zentrum für Fotografie, in dem rund 4000 Werke der internationalen Crème de la Crème der Fotokunst versammelt sind. Klassische Moderne und Zeitgenössisches zeigt das Kunstmuseum Winterthur, in der Villa des Kunstsammlers Oskar Reinhart lassen sich Gemälde von Rubens und Cézanne bewundern.

Rock, Pop, HipHop, Electronic, Reggae, Salsa – bei den Musikfestwochen in der zweiten Augusthälfte gibt es dann jede Menge auf die Ohren. Tickets muss man sich nur für die Auftritte der großen Stars besorgen. Die meisten Bands spielen kostenlos.

Winterthurs Altstadt ist aber nicht nur während der Musikfestwochen, son-

Sein Leben der Kunst gewidmet hat Oskar Reinhart, dessen Villa »Am Römerholz« ( ▶ S. 134)
bereits zu seinen Lebzeiten mit seiner Kunstsammlung ausgefüllt war.

dern zu jeder Jahreszeit ein angenehmes Pflaster. Sie ist autofrei und bietet allen, die Lust zum Schlendern, Schauen und Kaufen haben, die größte zusammenhängende Fußgängerzone der Schweiz. Wichtigste Flanier- und Shoppingmeile ist die Marktgasse, an der einst die wohlhabenden Bürger ihre Geschäfts- und Wohnhäuser hatten. Architekturfans sei das Winterthurer Rathaus mit der Passage zwischen Marktgasse und Stadthausstraße ans Herz gelegt. Ende des 19. Jh. errichtet, besticht es mit der eleganten Formensprache der Neorenaissance. Verantwortlich dafür zeichnete Joseph Bösch (1839–1922), der sein Metier beim großen Gottfried Semper (1803–1879) gelernt hat. Architektonischer Neuzugang ist der Rote Turm, ein Bürohaus in der Theaterstraße mit 23 Stockwerken. Oben, in 90 m Höhe, gibt's Weitblick, Speisen und Drinks.

40 km südwestl. von Kreuzlingen

## SEHENSWERTES

### Technorama

Das Science Center schickt seine Besucher auf eine spannende Reise, bei der man physikalische Zusammenhänge und allerhand Erstaunliches aus der Trickkiste der Natur spielerisch und experimentell erfahren.

Technoramastr. 1 | www.technorama. ch | Di–So 10–17 Uhr | Eintritt 27 CHF, Kinder 16 CHF

## MUSEEN UND GALERIEN

### Fotomuseum Winterthur

Das Schweizer Mekka für internationale Fotokunst.

Grüzenstr. 44 + 45 | www.foto museum.ch | Di, Do–So 11–18, Mi bis 20 Uhr | Eintritt fürs gesamte Haus 19 CHF, für einzelne Ausstellungen 10– 13 CHF

### Kunstmuseum Winterthur

Van Gogh, Monet, Braque, Picasso, Klee und Magritte – wer ein Faible für die Avantgarde des ausgehenden 19. und frühen 20. Jh. hat, ist an dieser Adresse richtig. Im Erweiterungsbau kann man sich über Strömungen in der Zeitgenössischen Kunst auf dem Laufenden halten.

Museumsstr. 52 | www.kmw.ch | Di 10–20, Mi–So 10–17 Uhr | Eintritt für die Sammlung 10 CHF, bei besonderen Ausstellungen 15 CHF, Kinder bis 16 Jahre frei

### Museum Oskar Reinhart

Gemälde von Ferdinand Hodler und Caspar David Friedrich sind die größten Schätze des Hauses.

Stadthausstr. 6 | www.museumoskar reinhart.ch | Di–So 10–17 Uhr | Eintritt 12 CHF, bei Sonderausstellungen 15 CHF

### Sammlung Oskar Reinhart
### »Am Römerholz«

Seine Villa über Winterthur verwandelte der Unternehmer schon zu Leb-

zeiten in ein beeindruckendes Museum mit Werken Alter Meister und großer Impressionisten.

Haldenstr. 95 | www.roemerholz.ch | Di, Do–So 10–17, Mi 10–20 Uhr | Eintritt 15 CHF

## SERVICE

AUSKUNFT

### Tourist Information

Im Hauptbahnhof | www.winterthur-tourismus.ch | Mo–Fr 8.30–18.30, Sa 8.30–16 Uhr

# ROMANSHORN    E 4

10 500 Einwohner

Hier befindet sich heute der größte Bodenseehafen, als Verkehrsknotenpunkt war die Stadt aber auch schon früher wichtig, an die lange Handelstradition erinnern die Lagerhäuser aus dem frühen 20. Jh. an der Hafenfront.

## MUSEEN UND GALERIEN

### Erlebniswelt Locorama

Große Dampfloks und kleine Modeleisenbahnzüge – alles zum Thema Bahn findet man in dem alten Lokschuppen. Im Fahrsimulator kann man sich als Lokführer versuchen.

Egnacherweg 1 | www.locorama.ch | Mai–Okt. 10–17 Uhr | Eintritt 6 CHF, Kinder 3 CHF

## AKTIVITÄTEN

### Skaten

Je 21 km perfekt ausgebaute und ausgeschilderte Skaterstrecken verbinden Romanshorn in die eine Richtung mit Rorschach und in die andere mit Kreuzlingen. Unkomplizierter Rücktransport mit der SBB.

www.skatingland.ch

## SERVICE

AUSKUNFT

**Tourist Information**

Im Bahnhof | www.romanshorn.ch |
April–Sept. tgl. 8–16, Okt.–März Mo–Fr
8–17.30, Sa, So 9–11, 14–17 Uhr

## ARBON  F 4

14 100 Einwohner

Dass das Städtchen Arbon römische
Wurzeln hat, kann man schon an seinem Namen erkennen (lt. arbor –
Baum). Heute ist Arbon ein beliebtes
Ausflugsziel, Hauptanziehungspunkt
ist die mittelalterliche bzw. barocke
Altstadt mit ihren engen Gassen. Besonders die Fischereifresken in der
Untertorgasse und das Bohlenständer-
haus in der Schmiedgasse 5 sind beliebte Fotomotive, außerdem das ehemalige Rathaus, in dem heute das

Bezirksgericht untergebracht ist.
Wahrzeichen der Stadt ist das Schloss
aus dem 16. Jh., das in seinen ältesten
Teilen auf eine Burg aus dem Jahre 993
zurückgeht.

Größter Arbeitgeber am Ort ist die
Saurer AG, heute einer der größten
Textilmaschinenhersteller der Welt.
Früher hat die Firma allerdings Nutz-
fahrzeuge produziert.

## MUSEEN UND GALERIEN

**Historisches Museum im Schloss**

Museum zur Lokal- und Regional-
geschichte. Einen besonderen Blick
lohnt die Ausstellung zur Wohnkultur
im Biedermeier. Vom Schlossturm genießt man eine weite Aussicht.

Im Schloss | www.museum-arbon.ch |
Mai–Sept. Di–So 14–17, Okt., Nov., März,
April So 14–17 Uhr | Eintritt 6 CHF

Wer bei Arbon (▶ S. 135) den Bodensee besucht, kommt in den Genuss, den Säntis als beeindruckende Bergkulisse ganz aus der Nähe zu sehen.

## Saurer Museum

Hier sind Lastwagen aus der Produktionsgeschichte der Saurer AG ausgestellt, der älteste aus dem Jahr 1911.

Weitegasse 8 | www.saurermuseum. ch | tgl. 10–18 Uhr | Eintritt 8 CHF, Kinder frei, Ticketverkauf im Hotel Wunderbar gleich nebenan

### SERVICE

AUSKUNFT

**Infocenter Arbon**

Schmiedgasse 5 | www.arbon tourismus.ch

## RORSCHACH  F 5

9000 Einwohner

Das Kornhaus (mit Naturwissenschaftlichem Mitmachmuseum; www. museum-rorschach.ch) aus der Mitte des 18. Jh., die nostalgische Badehütte (1924) an der Seepromenade und die Schlösser Wartensee (heute Schlosshotel; www.wartensee.ch) und Wartegg (Bioschlosshotel; www.wartegg.ch) waren früher die größten Sehenswürdigkeiten der Stadt – heute ist aber die Kunstsammlung Forum Würth der eindeutige Publikumsmagnet.

### MUSEEN UND GALERIEN

**8 Forum Würth** ⚑

Handwerker kennen ihn, Kunstliebhaber sollten ihn kennen. Reinhold Würth, der Mann, dessen Name für Schrauben und Nägel steht, ist auch Kunstmäzen. An jedem Standort seiner Betriebe eröffnet er eine Kunsthalle. Seit 2013 hat deswegen auch Rorschach ein Museum von internationaler Qualität. Alle paar Jahre wandern die Bilder Würths – immer zu neuen Themenausstellungen kombiniert – von einem Standort zum nächsten. So kann man die Picassos, Kirchners und Lichtensteins aus seiner Sammlung in immer neuen Städten sehen.

Das Museumsrestaurant ist gleichzeitig Kantine für die Mitarbeiter und bietet einen famosen Blick auf den Bodensee.

Churerstr. 10 | April–Sept. Di–So 10–18, Okt.–März tgl. 11–17, So um 11 Uhr kostenlose Führung | Eintritt frei

### ESSEN UND TRINKEN

**Stadthof**

**Leckerer Fisch** – Der Stadthof überzeugt mit freundlichem Service und ausgezeichneter Küche – empfehlenswert, wie es sich für ein Bodenseerestaurant gehört, sind die Fischgerichte. Die Schweizer Gäste loben sogar das gute Preis-Leistungs-Verhältnis, für die »Euro«-Besucher gilt aber definitiv: Qualität hat ihren (hohen) Preis. Nicht jeder mag auch den etwas kühl wirkenden großen Gastraum.

Kirchstr. 9 | Tel. +41 71 8 41 10 90 | www.stadthof-rorschach.ch | Di–Sa 9.30–14, 17–23 Uhr | €€€€

### SERVICE

AUSKUNFT

**Rorschach Tourismus**

Hauptstr. 56/Hafenbahnhof | www. tourist-rorschach.ch

## Ziele in der Umgebung

◎ **ST. GALLEN** ⭐  E 5

Stadtplan ▶ S. 139

75 000 Einwohner

Die Hauptstadt des gleichnamigen Kantons beeindruckt mit einer charmanten Altstadt. Hier spaziert man durch verschlungene Gassen und kann die jahrhundertealten Bürgerhäuser

Highlight von St. Gallen ( ▶ MERIAN TopTen, S. 137) ist der Stiftsbezirk, seit 1983 UNESCO-Welt-kulturerbe. Viel Beeindruckendes ist hier zu entdecken, nehmen Sie sich die Zeit dafür.

mit ihren reich verzierten Erkern be-staunen – 111 solcher Ausgucke werden hier gezählt, und wie schon anno dazu-mal sind die aussichtsreichen Plätze am Fenster, von denen aus man das bunte Treiben auf der Straße beobach-ten kann, auch heute äußerst beliebt. Hinter einigen der historischen Fach-werkfassaden finden sich schmucke Geschäfte, hinter anderen behagliche Gaststuben. Typisch für St. Gallen sind die Traditionslokale im ersten Stock – Erststocklokale genannt.

St. Gallens Hauptattraktion ist der Stiftsbezirk, der zum UNESCO-Welt-kulturerbe gehört. Die Kathedrale, ein monumentaler spätbarocker Bau, ist das Herzstück der Klosteranlage und dank der 68 m hohen Türme schon von Weitem zu sehen. Die Stiftsbiblio-thek hat es zu Weltruhm gebracht. In prächtigem Barockambiente wer-den dort frühmittelalterliche Bücher aufbewahrt. Entstanden sind sie in der einstigen St. Gallener Klosterschule, die vom 9. bis 11. Jh. zu den führenden Gelehrtenschulen Europas gehörte.

Es gab Zeiten, in denen eine Schnell-zug-Direktverbindung zwischen der ostschweizerischen Kantonshauptstadt und Paris bestand, sogar »ohne Halt in Zürich«, wie St. Gallens Gästeführer mit Stolz betonen. Die Epoche der privilegierten Zugverbindung, das waren die Jahrzehnte um 1900 – die Blütezeit der St. Gallener Textilindustrie. In Paris, damals unbestrittene Welthauptstadt des Luxus und der Mode, waren extravagante Hüllen aus feinstem Zwirn gefragt. In St. Gallen, wo Baumwoll- und Leinenweberei seit dem 16. Jh. in großem Stil betrieben wurde, wurden feinste Spitze und andere edle Gewebe hergestellt.

Die Hochzeit der Textilproduktion ist hier, in der Ostschweiz, längst Geschichte, völlig verschwunden ist dieser Industriezweig aber nicht. Noch heute bestellen große Labels, darunter Armani, Chanel und Dior, bei St. Gallener Textilfabrikanten die Stoffe, aus denen Modeträume sind.

15 km südwestl. von Rorschach

## SEHENSWERTES

### ① Lokremise

1911, zur Blütezeit der St. Gallener Textilproduktion, wurde das Ringdepot für Dampflokomotiven fertiggestellt. Knapp 100 Jahre später hat man die Remise renoviert und in ein Kulturzentrum verwandelt. Seither ist das einstige Eisenbahndepot ein quirliger Ort, der mit Theater, Kino, Konzerten und Ausstellungen lockt.

Grünbergstr. 7 | www.lokremise.ch | tgl. ab 10 Uhr

### ② Stadtlounge

Über einen roten Teppich läuft man weich wie auf Watte durch die Fußgängerzone Bleicheli-Quartier in der Nähe des Hauptbahnhofs. Die Künst-

lerin Pipilotti Rist und der Architekt Carlos Martínez haben 2005 den ganzen Platz samt diverser Sitzgelegenheiten mit rotem Kunststoffgranulat beziehen lassen. Sogar ein Porsche ist unter dem roten Belag verschwunden. Abends tauchen an Drahtseilen schwebende »leuchtende Kieselsteine« den Platz in weiches Licht.

Durch die künstlerische Verwandlung ist aus der innerstädtischen Schmuddelecke ein öffentliches Wohnzimmer geworden, in dem es sich angenehm verweilen lässt.

Bleicheli-Quartier

### ③ Stiftsbezirk

Die Geschichte des Klosters und damit auch der Stadt St. Gallen beginnt mit einem Wandermönch, der sich im 7. Jh. auf dem heutigen Stadtgebiet niedergelassen hat. Gallus nannte sich der spätere Namensgeber und Schutzpatron der Stadt. Ob er aus Irland oder aus dem Elsass stammt, da sind sich Forscher nicht einig. Fest steht, dass Mönch Gallus alemannisches Gebiet durchwanderte und missionierte. Im Jahr 612 baute er eine Klause im Wald auf heutigem St. Gallener Stadtgebiet und lebte dort bis zu seinem Tod 640 als Eremit. 759 wurde an dieser Stelle ein Kloster gegründet und nach dem inzwischen heiliggesprochenen Mönch benannt.

Im Laufe der Zeit kam das Kloster durch Schenkungen zu beträchtlichem Landbesitz. Über diese Gebiete in der Ostschweiz und im Breisgau übten die St. Gallener Fürstäbte territoriale Herrschaft aus, bis das Kloster nach etlichen politischen Querelen 1805 durch den Großen Rat des Kantons

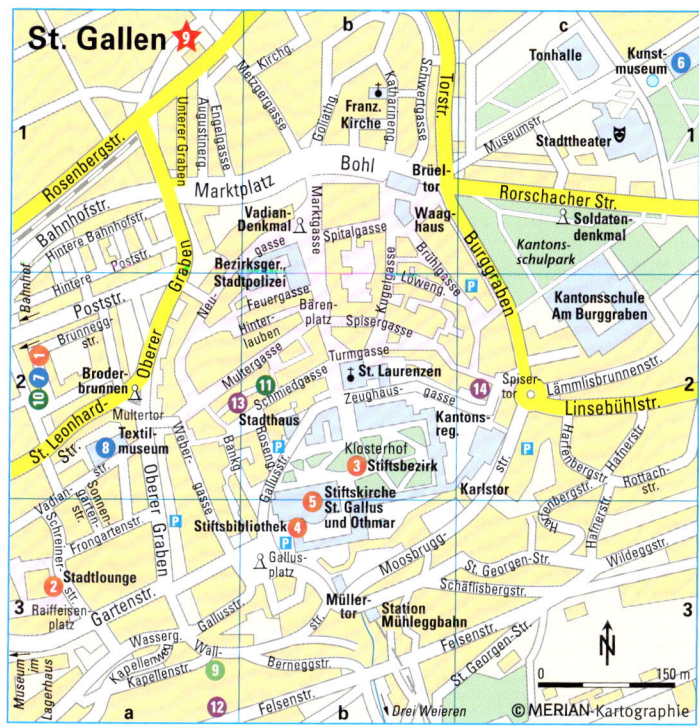

St. Gallen aufgelöst wurde. Der Stiftsbezirk gehört seit 1983 zum UNESCO-
Weltkulturerbe.

### ④ Stiftsbibliothek

Nicht nur wegen ihrer wertvollen
Sammlung, auch wegen des prachtvollen Bibliothekssaals gilt St. Gallens
Stiftsbibliothek als Kulturschatz erster
Güte. So wie man den Saal heute sehen
kann, wurde er Mitte des 18. Jh. unter
der Leitung des Vorarlberger Baumeisters Peter Thumb erschaffen, der auf
der deutschen Seite des Bodensees
auch die berühmte **Wallfahrtskirche
Birnau** ★ erbaut hat.

Der Raum überwältigt mit üppiger
Rokokoausstattung. Rund 170 000 Bü-
cher sind in der Bibliothek versam-
melt, wertvollstes Stück ist der Goldene
Psalter, eine Bilderhandschrift, die im
Kloster St. Gallen im späten 9. Jh. an-
gefertigt wurde und aus 344 mit gol-
dener Tinte beschriebenen Pergament-
seiten besteht.
Mit dem Ticket für die Stiftsbiblio-
thek lässt sich auch das angeschlossene
Lapidarium besichtigen. Dieses ge-
währt Einblicke in die Frühzeit des
Klosters, von der man sich anhand von
Ausgrabungsfunden aus den 1960er-
Jahren ein Bild machen kann.

Klosterhof 6d | www.stibi.ch | Mo–Fr 10–17, Sa 10–16 Uhr; Lesesaal Mo–Fr 8.30–11.45, 13.45–17 Uhr; tgl. um 14, im Sommer auch um 11 Uhr, kann man sich einer Führung anschließen | Eintritt 12 CHF, Kinder 9 CHF

### ❺ Stiftskirche St. Gallus und Othmar

Sie gehört zu den letzten monumentalen Barockkirchen des Abendlandes. Das Innere der 1767 fertiggestellten Kirche besticht mit malachitgrünen Stuckaturen und prächtigem Chorgestühl. Jede der drei historischen Orgeln – zwei Chor- und eine große Domorgel – ist ein Kunstwerk für sich.

Klosterhof 6a | Tel. +41 71 227 33 69 | Sommer 6–19, Winter 7–18.30 Uhr; Termine für Führungen können beim Pastoralamt abgefragt werden

## MUSEEN UND GALERIEN

### ❻ Kunstmuseum

St. Gallens Kunstmuseum vereint niederländische Malerei des 17. Jh. und Kunst des 19. Jh., darunter große Namen wie Liebermann und Monet, aber auch Appenzeller Bauernmalerei, unter seinem Dach. Teile der Sammlung werden in wechselnden Ausstellungen gezeigt.

Museumsstr. 32 | www.kunstmuseumsg.ch | Di–So 10–17, Mi bis 20 Uhr | Eintritt 12 CHF, Kinder 6 CHF

### ❼ LOK

Die über 800 qm große Kunstzone in der alten Lokremise ist eine Dependance des Kunstmuseums. Das 2010 eröffnete Haus versteht sich als »Labor« für internationale, zeitgenössische Kunst.

Durch Initiative von Raiffeisen Schweiz wurde das Bleicheli-Quartier zu großflächiger Kunst im öffentlichen Raum. Seit 2005 sieht man in der »Stadtlounge« (▶ S. 138) vor allem rot.

Grünbergstr. 7 | Mo–Sa 13–20, So 11–
18 Uhr | Eintritt 6 CHF, Kinder frei

## 8 Textilmuseum

Das Textilmuseum widmet sich der
ganzen Bandbreite textiler Produktion,
zeigt Entwürfe und Musterbücher, Tex-
tilien von der Spätantike bis zur Gegenwart, aus Europa und anderen Teilen der Erde.
Vadianstr. 2 | www.textilmuseum.ch |
tgl. 10–17 Uhr | Eintritt 12 CHF, Kinder
9 CHF

## ÜBERNACHTEN

### 9 Einstein

**Mit Fitnesspark** – Das gepflegte Vier-
Sterne-Haus am Rande der Altstadt
bietet besten Business-Komfort: kostenlosen WLAN, Ladies-Floors, ein
riesiges Areal mit Fitnessgeräten und
ein SPA.
Berneggstr. 2 | Tel. +4 17 12 27 55 55 |
www.einstein.ch | 113 Zimmer | ♿ |
🐾 | €€€€

## ESSEN UND TRINKEN

### 10 Lokal

**Spannend** – Wo einst Lokomotiven
gewartet und gewendet wurden, kann
man heute moderne Küche genießen.
Saisonale und regionale Produkte stehen im Mittelpunkt, wie sie zubereitet
werden, können Gäste mittags und
abends in der Schauküche erleben.
Neben Fisch und Fleisch gibt es stets
mehrere vegetarische Gerichte. Ausgezeichnet sind auch die Desserts –
probieren Sie die Apfel-Champagner-
Tarte!
Grünbergstr. 7 | Tel. +4 17 12 72 25 70 |
www.lokremise.ch/lokal | tgl. ab
10 Uhr | €€€€

## 11 Weinstube zum Bäumli

**Geschichtsträchtig** – Ein über
500 Jahre altes Fachwerkhaus beherbergt das traditionelle Erststock-Lokal.
Hier kann man sich regionale Spezialitäten schmecken lassen, z. B. Ge-
schnetzeltes oder die berühmte St. Gallener Bratwurst.
Im Sommer sitzt es sich auch draußen, an Tischen in der Fußgängerzone,
recht gut.
Schmiedgasse 18 | Tel. +4 17 12 22
11 74 | www.weinstube-baeumli.ch |
Di–Sa ab 10 Uhr | €€-€€€

## EINKAUFEN

### 12 Akris ▶ S. 43
### 13 Geschenklädeli ▶ S. 43

## 14 Wohnart Späti Egi

Das Möbelgeschäft besticht durch
das stilvolle Ambiente in einem historischen Handelshaus. Neben etlichen
Wohnaccessoires und schicken Desig-
nerlampen bekommt man auch die
kultigen Freitag-Umhängetaschen aus
Lkw-Plane.
Spiserstr. 40 | www.wohnart-sg.ch |
Di, Mi, Fr 10–18.30, Do 10–20, Sa 10–17 Uhr

## SERVICE
AUSKUNFT
### St. Gallen Tourismus

Einen Stadtplan und eine Broschüre
zu allen angebotenen Stadtführungen
gibt es auch auf der Homepage zum
Download.
Bahnhofsgasse 9 | www.st.gallen-
bodensee.ch | April–Okt. Mo–Fr 9–18,
Sa, So 9–15, Nov.–März Mo–Fr 9–18, Sa, So
9–14 Uhr; öffentliche Altstadtführungen
April–Okt. Mo–Sa 11.30, Nov.–März nur Sa
11.30 Uhr | Teilnahme 12 CHF

# DER ÖSTERREICHISCHE BODENSEE

*Bregenz punktet mit Kunst und Architektur, doch in der Stadt der vielen Wochenmärkte lässt es sich auch herrlich bummeln. Für Weitblick auf über 1000 Metern sorgt der Pfänder – beliebtes Wanderziel und Hausberg der Bregenzer.*

Von den drei Bodenseeanrainern hat Österreich den kleinsten Anteil am See. Nur 28 von insgesamt 273 km Uferlinie entfallen auf sein Staatsgebiet. Doch die Alpenrepublik hat, wenn es um Strahlkraft und touristische Attraktionen geht, ein gewichtiges Pfund in die Waagschale zu werfen: Bregenz, die Hauptstadt des Bundeslandes Vorarlberg. Diese präsentiert sich nicht nur als wichtiger Bodenseehafen, sondern hat sich seit einiger Zeit als Kunst- und Kulturmetropole weit über die Region hinaus einen Namen gemacht.

Top-Ereignis am See sind natürlich die Bregenzer Festspiele mit ihren Open-Air-Aufführungen auf der spektakulären Seebühne. Sie locken Opernfans aus aller Welt an den Bodensee.

◄ Früher Startpunkt für Rundflüge, heute Bar:
der Fischersteg an der Bregenzer Seepromenade.

Das vom Schweizer Architekten Peter Zumthor entworfene Bregenzer Kunsthaus ist seit seiner Eröffnung eine Pilgerstätte für Architektur- und Kunstfans gleichermaßen. Geht es um Freizeitaktivitäten am Wasser, hat der kleine österreichische Zipfel des Sees naturgemäß längst nicht so viel zu bieten wie das lange Ufer auf der deutschen Seite. Dieses Manko gleichen allerdings die Berge Vorarlbergs aus. Der **Pfänder** 🔟, seines Zeichens Bregenzer Hausberg, empfiehlt sich als Aussichtsbalkon mit spektakulärem Seeblick.

## SCHÖNE ZIELE ABSEITS DES SEES

Im Herbst und im Winter, wenn die Welt unten im Nebel versinkt, genießt man auf dem voralpinen Gipfel oftmals Sonne pur. Ein Ausflug in den Bregenzer Wald bietet zudem ein Kontrastprogramm – wenn am See Trubel herrscht, findet man hier Ruhe. Das Fürstentum Liechtenstein, nur einen Katzensprung von Bregenz entfernt, ist ebenfalls einen Abstecher wert.

## BREGENZ ◢ G 4/5

Stadtplan ► S. 145
28 000 Einwohner

Bregenz, die Hauptstadt Vorarlbergs, ist ein wichtiger Verkehrsknotenpunkt in der Dreiländerregion Deutschland-Österreich-Schweiz. Ein Segen für die Stadt ist der Tunnel durch den Pfänder, der die Innenstadt vom Fernverkehr befreit. Da für die Durchfahrt eine Maut anfällt, ist die Stadt zu Stoßzeiten dennoch recht vom Durchgangsverkehr geplagt; um diesen bestmöglich einzuschränken, ist es offiziell nur Autofahrern mit Ziel Bregenz Innenstadt erlaubt, diese auch zu befahren, und es kommt durchaus vor, dass die Verkehrspolizei dies auch durch Befragung der Fahrzeugfahrer überprüft.

Ihrer Seebühne, dem Austragungsort der seit 1946 veranstalteten Bregenzer Festspiele, verdankt die Stadt, es zu internationaler Bekanntheit gebracht zu haben. Die spektakuläre, weit ins Wasser gebaute Festspielplattform ist die weltweit größte ihrer Art und war sogar schon Action-Kulisse für Daniel Craig alias James Bond, der dort während einer »Tosca«-Aufführung »die Bösen« jagt. Die Festspielsaison, alljährlich von Mitte Juli bis Ende August, ist so etwas wie eine fünfte Jahreszeit in Bregenz. Mehr als 200 000 Besucher aus aller Welt kommen in diesen Wochen nach Bregenz, um große Oper vor großartiger Freilichtkulisse zu erleben. Karten reserviert man am besten Monate im Voraus – aber auch dann kann noch ein Platzregen das Vergnügen vermasseln.

Die Bregenzer City, das ist die sogenannte Unterstadt, die sich in östlicher Richtung der Uferzone anschließt. Vom See kommend muss man Bahngleise und die Hauptverkehrsstraße 190 überqueren, kann dann aber ganz entspannt flanieren – auch dank der ausgedehnten Fußgängerzone, die Bahnhof- und Kaiserstraße einschließt und sich bis zum Leutbühel erstreckt. Groß ist die Innenstadt nicht, aber recht attraktiv: Hier finden sich hübsche Cafés und Restaurants, statt der üblichen Kettenfilialen noch etliche Einzelhandelsgeschäfte mit Qualitätsangebot. Herz der Unterstadt ist der Kornmarkt, der sich immer dienstags und freitags in einen bunten Wochenmarkt verwandelt. Überhaupt haben die Bregenzer ein Faible für Märkte. Fast an jedem Tag der Woche bauen Händler auf einem der Plätze ihre Stände auf, bieten knackiges Obst und Gemüse, ofenfrisches Bauernbrot, würzigen Käse aus dem Bregenzer Wald und andere kulinarische Spezialitäten an.

Ganz geruhsam geht es dagegen in der Oberstadt zu, die man nach einem kurzen Aufstieg durch die kopfsteingepflasterte Maurachgasse erreicht. Hier, auf der Schutz bietenden Anhöhe, befand sich in vorchristlicher Zeit eine keltische Siedlung, im Jahr 15 n. Chr. wurde diese von den Römern erobert und zur Stadt Brigantium ausgebaut. Besucher betreten diesen älteren Teil der Stadt durch das wappenge-

schmückte Tor der noch gut erhaltenen Stadtmauer. Ein paar Schritte nur, dann stehen sie vor dem Martinsturm mit seiner wuchtigen Zwiebelturmhaube. Einst wachte hier der Türmer, um die Bevölkerung rechtzeitig vor herannahenden Feuersbrünsten zu warnen. Heute ist die Fenstergalerie im Turm ein guter Platz, um den Blick über den Pfänder, die Schweizer Berge und den Bodensee schweifen zu lassen. Den Uferweg, der sich allmählich zur Seepromenade entwickelte, bauten die Bregenzer in den 1840er-Jahren, ebenso einen Hafen, der Bregenz seither mit den anderen Wirtschaftszentren am »Schwäbischen Meer« verbindet. 1890 war die Hafenmole fertiggestellt. Heute ist Bregenz Heimathafen der fünf Motorschiffe, die den Kursverkehr bedienen. Neuzugang der Flotte ist die »MS Sonnenkönigin«, ein hypermodernes Eventschiff als Aluminium und Glas. Aus der Zeit um 1900 stammt der zierliche Pavillon am Ende des Fischerstegs. Dorthin zieht es romantische Gemüter an schönen Sommerabenden, die sich vom Schauspiel der untergehenden Sonne bezaubern lassen.

## SEHENSWERTES

### ❶ Kunsthaus Bregenz

Das 1997 fertiggestellte Bauwerk des Schweizer Stararchitekten Peter Zumthor zählt zu den bedeutendsten zeitgenössischen Museumsbauten weltweit und gilt als Paradebeispiel für den Minimalismus in der Architektur. Die Konstruktion aus Beton wird von einer »Haut« aus Milchglaspanelen umgeben. Von außen wirkt die schlichte Fassade nie langweilig, weil sie tagsüber das Licht der Umgebung reflek-

tiert und sich so je nach Tageszeit und Wetter verändert. Am Abend erhellen die Lichtbänder im Inneren den Gebäudekörper, machen ihn zu einem Lichtinstallationsobjekt und lassen gleichzeitig etwas von seiner filigranen Trägerkonstruktion erkennen.

In jedem Jahr werden mehrere Ausstellungen zeitgenössischer Künstler präsentiert, einige davon werden eigens für das Bregenzer Haus konzipiert. Werke aus der Sammlung des Kunsthauses sind in wechselnden Ausstellungen im benachbarten KUB Sammlungsschaufenster zu sehen.

Karl-Tizian-Platz 1 | www.kunsthausbregenz.at | Di, Mi, Fr–So 10–18, Do 10–21 Uhr | Eintritt 9 €, bis 18 Jahre frei

## ② Martinsturm

Markantestes Bauwerk der Oberstadt und Bregenzer Wahrzeichen ist der Martinsturm, dessen Kern im Mittelalter ein Speichergebäude und kaum höher als die Stadtmauer gewesen ist. Ende des 16. Jh. hielten es die Stadtväter für ratsam, den Speicher zum Turm aufzustocken, und heuerten dafür Benedetto Prato, einen Baumeister aus Graubünden, an. Prato setzte dem Bauwerk eine ausladende, mit Holzschindeln gedeckte Kuppel auf. Ihretwegen gilt der Turm als erstes Bauwerk mit charakteristischen Barockmerkmalen in der Bodenseeregion.

Im Inneren des Martinsturms ist eine kleine Kapelle mit Fresken aus dem 14. Jh. eingerichtet. Turmbesucher können sich unter seinem Dach zudem eine militärgeschichtliche Sammlung anschauen. Wer sich dafür nicht so interessiert, wird zumindest an der Panoramasicht über die Stadt, See und Berge Freude haben.

Martinsgasse 3b | www.martinsturm. at | April–Okt. Di–So 10–17 Uhr | Eintritt 3,50 €, Kinder 1 €

## MUSEEN UND GALERIEN

### ③ Vorarlberg Museum

Das alte Bregenzer Landesmuseum wurde 2012 abgerissen und durch ein sowohl architektonisch als auch inhaltlich äußerst ansprechendes Nachfolgeprojekt ersetzt. Von außen wirkt das Gebäude wie ein großer weißer Würfel, dessen Oberfläche mit einer Art Blindenschrift versehen ist – gestaltet wurde die Struktur mithilfe der gewölbten Böden von Einwegplastikflaschen. Lediglich auf der Seeseite hat das

Sogar die Fassade ist ein Hingucker: Das Bregenzer Kunsthaus (▶ S. 144) wird in der Architekturszene als herausragendes Mustergebäude gelobt.

Gebäude eine historisierende Front, die von einem üppig dimensionierten Panoramafenster beherrscht wird.

Im Inneren werden Sammlungen zur Kulturgeschichte der Vorarlberger Region präsentiert. Dabei interessieren sich die Bregenzer Museumsmacher nicht nur für den Alltag vergangener Jahrhunderte. Auch Objekte, die in den 1960er- und 1970er-Jahren zum Alltag gehörten – z. B. Küchengeräte, Fotoapparate, Schnapsgläser und Schallplatten –, stehen in den Vitrinen. Im sehr gelungenen Ausstellungsbereich »Sein & Mein« können sich Besucher an Hörstationen von Frauen und Männern aus Bregenz und dem Umland erzählen lassen, welche kleineren und größeren Ereignisse bedeutsam für ihr Leben gewesen sind. Große Geschichte wird so auf eine berührend persönliche Ebene heruntergebrochen. Die ansprechende Ausstellung »Römer oder so« richtet sich an Kinder verschiedener Altersstufen.

Kornmarktplatz 1 | www.vorarlberg museum.at | Di, Mi, Fr–So 10–18, Do 10–21 Uhr, Mo geschl. | Eintritt 9 €, bis 18 Jahre frei

## ÜBERNACHTEN
### 4 Gasthof-Hotel Lamm

**Perfekte Lage** – In Seenähe und nur wenige Gehminuten vom Festspielhaus liegt das unprätentiöse Familienhotel, das vor allem durch sein Preis-Leistungs-Verhältnis überzeugt – das dazugehörige Gästehaus ist hier unschlagbar. Attraktiv für Autofahrer sind die kostenlosen Parkplätze am Hotel.

Mehrerauerstr. 51 | Tel. +43 55 57 47 17 01 | www.gasthof-hotel-lamm.at | 48 Zimmer | €€

# Wollen Sie's wagen?

*Der Bregenzer Hausberg Pfänder ist ein Aussichtsberg, der sich zu Fuß oder mit der Seilbahn erreichen lässt. Runter geht es auch im Flug – Sie brauchen nur etwas Mut, um sich einem erfahrenen Gleitschirmflieger anzuvertrauen. Gurte um und los geht's: Sie erleben ungefähr 15 außergewöhnliche Minuten und den Bodensee aus der Vogelperspektive. Die Ausrüstung wird natürlich komplett gestellt, nur feste, möglichst knöchelhohe Schuhe und evtl. warme Kleidung muss mitgebracht werden.* Anmeldung bei Nikolaus Weber | Immenstaad | Tel. 07 53 24 45 26 58 | www.abgeflogen.info | Tandemsprung 100 €

### 5 Hotel Weißes Kreuz

**Herzlicher Empfang** – Das Vier-Sterne-Haus liegt an einer ruhigen Straße in der Bregenzer Innenstadt, bietet seinen Gästen individuell eingerichtete Zimmer unterschiedlicher Größe, schöne geräumige Bäder und das heimelige Flair eines alteingesessenen Traditionshauses. Empfehlenswert ist auch das Restaurant: Küchenchef Harald Fink setzt auf klassische Rezepte und regionale Zutaten. Mit seiner Weinkarte und dem ausgesprochen netten Service kann das Stadtgasthaus Weißes Kreuz ebenfalls punkten.

Römerstr. 5 | Tel. +43 55 57 44 98 80 | www.hotelweisseskreuz.at | Restaurant Mo–Fr 12–14, 18–22 Uhr (zur Festspielzeit auch Sa, So geöffnet) | 44 Zimmer |  | €€€

**6 Villa Raczynski/Seminarhaus Marienberg**

**Das »etwas andere« Hotel** – In dem von Klosterfrauen geführten Seminarhaus in einer noblen Villa am Stadtrand kann man in einfachen Zimmern preisgünstig übernachten. Der Park lädt zu Spaziergängen ein.

Die Ausnahme in Bregenz: kein Aufschlag zu Festspielzeiten.

Schlossbergstr. 11 | Tel. +43 55 74 43 30 50 | www.seminarhaus-marienberg. at | 12 Zimmer (davon 6 EZ) | €

## ESSEN UND TRINKEN

### Burgrestaurant Greber auf dem Gebhardsberg ▶ S. 145, südl. c 4

**Mit Aussicht und Stil** – Auf dem Gebhardsberg, dem kleinen Bruder des Pfänders, versorgt das 1964 erichtete Burgrestaurant Ausflügler mit kulinarischen Köstlichkeiten aus der Bodenseeregion und aus dem Bregenzerwald und mit exzellenten Weinen – Top-Panorama inklusive.

Gebhardsweg 1 | Tel. +43 55 74 44 25 15 | www.greber.cc/gebhardsberg/ home | Mai–Sept. tgl. 11.30–14, 18–22 Uhr (während der Festspielzeit ab 17 Uhr), Okt.–April Mo geschl. | €€€

### Fischerstüble ▶ S. 145, nordöstl. c 1

**Die Lage macht's** – Direkt am See im nur 9 km entfernten Ort Fußach liegt das Fischerstüble, das – nomen est omen – vor allem frischen Fisch auf der Karte präsentiert.

Im Sommer sitzt man draußen auf Bierbänken.

Fußach | In der Schanz 30 | Tel. +43 55 78 75 75 50 | www.fischerstueble.at | Mitte April–Mitte Sept. Mo–Sa 9–23, So und feiertags bis 22 Uhr | €€–€€€

**7 Metzgerei Rimmele**

**Schick und appetitlich** – Mit Suppen und allerhand deftigen Snacks kann man sich in der modern gestylten Traditionsmetzgerei stärken. Jeden Tag gibt es ein Mittagsgericht für Fleischesser und eines für Vegetarier. Durch die gläserne Front hat man beim Essen die Fassade des Vorarlberg Museums im Blick, auf der Lauftexte für Unterhaltung sorgen.

Rathausstr. 31 | Tel. +43 57 44 29 56 | metzgerei-rimmele.at | Mo–Fr 8–18.15, Sa 8–12.15 Uhr | €

## EINKAUFEN

GESCHENKE

**8 Verkauferei** 🚩

In der Verkauferei können seit Herbst 2014 Designer, Künstler und Kreative wochenweise Verkaufsflächen mieten – angefangen von einzelnen Kleiderhaken bis hin zu Regalen und Verkaufstischen. Der Kunde erfreut sich an einem bunten Sortiment von Einmaligem – manchmal Kunst, manchmal Kitsch, manchmal nützlich und manchmal höchst überflüssig, auf jeden Fall aber immer spannend.

Deuringstr. 7 | www.verkauferei.at | Di–Fr 10–12, 14–18, Sa 10–13 Uhr

KULINARISCHES

### Weingut Möth ▶ S. 145, südl. b 4

Wein kaufen oder gleich in der Heurigenwirtschaft inmitten von Weinreben trinken. Bei Möth geht beides. Wenn am Wochenende Livemusik gespielt wird, ist die Stimmung besonders gut.

Langenerstr. 5 | Tel. +43 57 44 77 11 | www.moeth.at | Wirtschaft April–Sept. 16–23 Uhr, Weinprobe und -verkauf ganzjährig nach Anfrage

## Whiskybrennerei Michelehof

▶ S. 145, westl. a 4

Auf dem Michelehof im Bregenzer Nachbarort Hard wird seit Generationen Obst angebaut, und aus Marillen, Pflaumen und anderen Früchten werden edle Brände destilliert. Seit einigen Jahren brennt Obstbauer Albert Büchele auch Whisky. Sein Vorarlberger Single Malt, »Micheles« genannt, bietet Kennern ein vielschichtiges Geschmackserlebnis: Zuerst steigt einem der Duft von rauchigem Holz, Marille und Pfirsich in die Nase. Beim Trinken entfalten sich dann die typische Gerstenmalznote und feine Vanille-Karamell-Aromen.

Hard | Marktstr. 26 | Tel. +4 35 57 47 24 12 | www.michelehof.at | Degustation nach telefonischer Voranmeldung jederzeit mögl.

### MÄRKTE

**9 Bauernmarkt**

Wochenmärkte gibt es viele in der Bregenzer Unterstadt, der Bauernmarkt entlang der Kaiserstraße zeichnet sich durch die regionale Herkunft aller angebotenen Produkte aus. Probieren Sie das frische Brot und im Frühsommer die Bodensee-Erdbeeren!

Kaiserstr. | Fr 8–13 Uhr

### MODE

**Wolford Factory Outlet**  ▶ S. 43

### AKTIVITÄTEN

**10 Pfänder**  H 4

Der 1064 m hohe Pfänder ist der Hausberg der Bregenzer und für viele Städter das Wundermittel gegen Stress und Alltagsblues. Auf dieser höchsten Erhebung am Bodensee ist die Fernsicht

Anders als auf einem Künstlermarkt mieten Hersteller von Kreativem in der Verkauferei (▶ S. 148) nicht nur einen Tisch für einen Tag, sondern ein Regal für einen längeren Zeitraum.

600 Höhenmeter in nur wenigen Minuten – zu Fuß nicht machbar, aber die Pfänderbahn, die auf den Gipfel des Bregenzer Hausbergs führt, schafft dies allemal.

atemberaubend schön, von keiner anderen Stelle aus lässt sich der See in Längsrichtung besser überblicken. Im Herbst, wenn dichter Nebel die Tage trübt, kann man oben oft doch die Sonne sehen und schaut auf ein weißes Wattemeer herab.

Nur wenige Minuten dauert die Fahrt mit der Kabinenschwebebahn, die rund ums Jahr Unterstadt und Pfänderspitze verbindet. Natürlich geht es auch zu Fuß hinauf. Beim kurzen, knackigen Aufstieg ab der Pfänderbahn-Talstation sind 600 Höhenmeter zu überwinden. Oben angekommen bietet sich eine kleine Wanderung durch den Alpenwildpark oder ein Besuch der Adlerwarte an. Fürs leibliche Wohl sorgen mehrere Jausenstationen.

Als Bergsporn am Südwesthang des Pfänders empfiehlt sich der knapp 600 m hohe Gebhardsberg ebenfalls als Aussichtsplattform. An seiner Spitze erhebt sich die Ruine der Burg Hohenbregenz. Im ehemaligen Wohnbereich der zerstörten Burg wurde eine kleine Wallfahrtskirche errichtet und dem Heiligen Gebhard geweiht. Unterhalb der Ruine informiert ein Naturlehrpfad über Flora und Fauna. Beliebtes Ausflugsziel ist das stilvolle Burgrestaurant.

– Pfänderbahn: Talstation in der Schillerstraße | tgl. 8–19 Uhr | einfache Fahrt 7,10 €, Kinder 3,50 €, Berg- und Talfahrt 12,20 €, Kinder 6,10 €, reduzierte Preise ab 17 Uhr

– Alpenwildpark: an der Bergstation | tgl. 8.30–18.30 | Eintritt frei

– Adlerwarte: 10 Gehminuten ab Bergstation | Mai–Anf. Okt., Flugvorführungen tgl. 11, 14.30 Uhr | Eintritt 5,60 €, Kinder 2,80 €

### SERVICE

AUSKUNFT

**Bregenz Tourismus**

Rathausstr. 35 a | www.bregenz.travel | Mo–Fr 9–18, Sa 9–12, Mitte Juli–Aug. tgl. 9–19 Uhr

## Ziele in der Umgebung

### ANDELSBUCH                              H 5

27 km südöstl. von Bregenz

### EINKAUFEN

**Bregenzerwälder Käsehaus**

Wer einen Ausflug in den Bregenzer Wald mit Käseeinkauf verbinden will, ist hier richtig. Im Käsehaus werden über 60 Sorten aus der Region angeboten. Schaukäserei und gemütliche Vesperwirtschaft runden das Angebot ab.

Hof 144 | Tel. +43 55 12 26 34 6 | www.kaesehaus.com

### DORNBIRN                              G 5

46 900 Einwohner

Dornbirn ist die größte Stadt und das wirtschaftliche Zentrum Vorarlbergs. Der Aufstieg hatte Ende des 19. Jh. begonnen, als die Textilindustrie Wohlstand nach Dornbirn brachte.

Heute sind vor allem die Metall verarbeitende Industrie sowie Firmen aus dem Bereich der Elektronik wichtige Arbeitgeber. Die Stadt selbst lockt kaum Touristen an, lohnend sind aber Ausflüge in die Umgebung. Unbedingt besuchenswert ist der außerhalb gelegene Ort Gütle.

10 km südl. von Bregenz

### MUSEEN UND GALERIEN

**inatura – Erlebnis Naturschau**

In einer ehemaligen Maschinenfabrik ist das größte und modernste Naturmuseum im Bodenseeraum untergebracht. Das Mitmachmuseum macht Naturphänomene mit allen Sinnen erleb- und begreifbar.

Jahnstr. 9 | www.inatura.at | tgl. 10–18 Uhr | Eintritt 10,50 €, Kinder 5,30 €

**Krippenmuseum**

Über 80 Krippen aus aller Welt sind hier ausgestellt. Prunkstück der Sammlung ist die 16 qm große und 2,5 m hohe Passionskrippe des berühmten italienischen Krippenbauers Antonio Pigozzi.

Gütle 11c | www.krippenmuseum-dornbirn.at | Mai–Dez. Di–So 10–17 Uhr | Eintritt 3 €, Kinder 1 €

**Rolls-Royce Museum**

Versteckt im Dörfchen Gütle liegt in einer alten Textilfabrik das größte Rolls-Royce Museum der Welt. Auf mehr als 3500 qm Ausstellungsfläche findet man um die 1000 Exponate. U. a. stehen hier die ehemaligen Fahrzeuge von König Georg V. und König Edward VIII. Den Landauer von Queen Mum kann man in dem Museum ebenso bewundern wie das Fahrzeug von Frederik Henry Royce, einem der beiden Firmengründer.

Franz Vonier, der das Museum 1999 ins Leben rief, ist einer der bekanntesten Restauratoren der britischen Luxusmarke – wer Glück hat, kann ihm in der Werkstatt bei der Arbeit über die Schulter schauen

Gütle 11a | www.rolls-royce-museum. at | Di–So 10–18 Uhr, Juli, Aug. tgl. | Eintritt 9 €, Kinder 4,50 €

## ESSEN UND TRINKEN

### Gasthof Gütle

**Deftig** – Regionale Kost in gemütlichem Ambiente wird im Gütle geboten. Genau das Richtige, um sich vor oder nach der Wanderung durch die Rappenlochschlucht zu stärken. Im Sommer sitzt man im vermutlich schönsten Biergarten der Gegend unter schattigen Bäumen. Im Gütle wurde aber auch ein wenig Industriegeschichte geschrieben. Am 10. 8. 1881 hat hier Kaiser Franz Josef I. die erste Telefonverbindung Österreich-Ungarns in Betrieb genommen. Sie verband die Spinnerei Gütle, in deren Räume sich das heutige Restaurant befindet, mit der Firma F. M. Hämmerle in Dornbirn.

Gütle 11 | Tel. + 43 55 72 20 15 40 | www.guetle-gasthof.at | Mo geschl. | €€–€€€

## AKTIVITÄTEN

### Karren ⚐ G 5

Vom Hausberg Karren (971 m) genießt man einen weiten Blick hinab nach Dornbirn und zum Bodensee. Man erreicht ihn bequem mit der Seilbahn oder etwas schweißtreibender über einen einfachen Wanderweg. Egal, wie

Schwindelfrei sollte man bei einer Wanderung durch die Rappenlochschlucht (▶ S. 153) schon sein, auch wenn die Wege und Stege überall gut gesichert sind.

man auf den Gipfel gelangt ist, im Panoramarestaurant warten ausgezeichnete Schmankerl.

Seilbahn: Tel. +4 35 57 22 21 40; Restaurant: Tel. +4 35 57 25 47 11 | www.karren.at

### Rappenlochschlucht  H 5

Die Rappenlochschlucht ist eine der größten Schluchten Europas, ihr Zugang liegt bei der alten Industrieansiedlung Gütle. Der spektakuläre Wanderweg hatte nach einem Felssturz 2011 geschlossen werden müssen, ist inzwischen aber wieder zugänglich.

🕐 An stichig-heißen Sommertagen ist eine Wanderung in der kühlen Schlucht eine wahre Wohltat.

www.rappenlochschlucht.at | Zugang zur Schlucht Ende April–Mitte Nov.

### SERVICE

AUSKUNFT

**Dornbirn Tourismus**

Rathausplatz 1 | www.dornbirninfo.at | Mo–Fr 9–18, Sa 9–12 Uhr

### ◎ LOCHAU  G 4

Der kleine Ort nördlich von Bregenz liegt zwischen Pfänderrücken und Bregenzer Bucht und ist eine gute Übernachtungsalternative für Bregenz-Besucher. Neben schönen Hotels und hervorragenden Restaurants finden Badebegeisterte hier einen langen, gebührenfreien Strand.

4 km nördl. von Bregenz

### ÜBERNACHTEN

**Fritsch am Berg**

**Aussicht** – In 750 m Höhe mit Panoramablick über den Bodensee liegt das im Juli 2014 neu eröffnete Wellnesshotel mit 700 qm großem Spa. Aus den hellen und luftigen Zimmern hat man eine ebenso perfekte Aussicht wie von der Terrasse des Restaurants. Die etwas kühl wirkende Außenfassade des Hauses wird so schnell verziehen.

Buchenberg | Tel. +4 35 57 44 30 29 | www.fritschamberg.at/de | 34 Zimmer | €€€€

### Sentido Seehotel Am Kaiserstrand

**Tolle Seelage** – Das traditionsreiche Hotel liegt unmittelbar am »Kaiserstrand«, der seinen Namen daher hat, dass der österreichische Kaiser Karl I. samt Gemahlin Zita 1917 in dem Haus nächtigte. Gehobenen Ansprüchen genügt das Hotel auch noch heute. Der Hingucker ist aber das hoteleigene Badehaus, das in modernem Holzbaustil in den See hinein gebaut wurde. Auf dessen Dach kann man den Blick über den See genießen.

Am Kaiserstrand 1 | Tel. +4 35 57 45 81 11 | www.seehotel-kaiserstrand.com | 102 Zimmer | 🐕 | €€€€

### ESSEN UND TRINKEN

**Restaurant Mangold**

**Ausflugsziel** – Mit einer Mischung aus Tradition und Innovation lockt das Mangold im Bregenzer Nachbarort Lochau seine Gäste. Kenner halten das Restaurant für eines der besten landesweit. Im Sommer kann man gemütlich im romantischen Innenhof speisen. Bei der Anfahrt muss man die Augen offen halten, das Restaurant liegt etwas versteckt in einer Nebenstraße.

Pfänderstr. 3 | Tel. +4 35 57 44 24 31 | www.restaurant-mangold.at | Mi–So 11.30–14, 18–22 Uhr, Reservierung empfohlen | €€€€

Wilder als das Wasser vom Bodensee:
der Rheinfall bei Schaffhausen (▶ S. 160).

# TOUREN
## RUND UM
## DEN BODENSEE

# MIT DER BAHN NACH RAVENSBURG IN DIE STADT DER TÜRME UND TORE

**CHARAKTERISTIK:** Bummel durch die oberschwäbische Stadt **DAUER:** Tagesausflug **LÄNGE:** Friedrichshafen–Ravensburg ca. 20 km, 20 Min. Bahnfahrt pro Strecke, einfaches Ticket 4,30 € **EINKEHRTIPP:** Gasthof Zum Engel, Marienplatz 71, Tel. 0 75 13 63 61 30, www.engel-ravensburg.de, €€ **AUSKUNFT:** Tourist Information, Kirchstr. 16, Tel. 0 75 18 28 00, www.ravensburg.de, Mo–Fr 9–17.30, Sa 10–13 Uhr

 F 3–G 2

Bequem und garantiert staufrei kommt man ab Friedrichshafen mit der Bahn nach Ravensburg. Am Zugfenster zieht eine Viertelstunde lang beschauliche Landschaft vorbei – schon ist man da.

**Bahnhof ▶ Marienplatz**
Vom Bahnhofsplatz führt linker Hand über den Busbahnhof die Charlottenstraße in die historische Innenstadt. Biegen Sie an der dritten Kreuzung links in die Mauerstraße ab, dann kommen Sie nach wenigen Minuten zum Gemalten Turm, einem von vielen erhaltenen Türmen der mittelalterlichen Stadtbefestigung. Weiter geht es auf der Grüner-Turm-Straße, wo am Ende ein weiteres Verteidigungsbauwerk mit schmucken grünen Dachziegeln seit Jahrhunderten die Stellung hält. Der Grüne Turm war noch bis 1943 ein Gefängnis. Biegen Sie nun nach rechts und nehmen Kurs auf den Marienplatz, das Herz der Altstadt. Markantester Blickfang dort ist das Waaghaus mit dem 51 m hohen Blaserturm. Steigen Sie die 212 Stufen hinauf – Sie werden mit einem tollen Panorama belohnt (April–Okt. tgl. 11–16 Uhr). Dem Turm gegenüber steht das kunstvoll bemalte Zunfthaus der Lederinnung,

schlicht »Lederhaus« genannt. Genau wie das rote, spätgotische Rathaus (Nr. 26) legt es Zeugnis von der Blütezeit der Stadt ab: Im späten Mittelalter hatte die »Große Ravensburger Handelsgesellschaft« mit Leinenhandel Reichtum in die Stadt gebracht.

Rund um den Marienplatz locken Cafés und Restaurants. Bei schönem Wetter können Sie draußen speisen und das Geschehen beobachten. Früher oder später kreuzen sich hier die Wege »aller« Ravensburger, der Platz bildet den Übergang zwischen der östlich gelegenen, um 1250 gegründeten Oberstadt mit ihren Patrizierhäusern und der rund 100 Jahre jüngeren Unterstadt im Westen, wo kleine Handwerkerhäuser das Bild prägen.

**Marienplatz ▶ Marktstraße**
Biegen Sie rechts am Rathaus vorbei in die Marktstraße – jetzt befinden Sie sich auf dem Ravensburger Prachtboulevard. Zwischen stattlichen Bürgerhäusern hat man hier schon vor Jahrhunderten Markt gehalten und tut es noch heute, an jedem Samstagvormittag. Die Hausnummer 45 ist der Eingang ins Humpis-Quartier (www.museum-humpis-quartier.de; Di, Mi,

Fr–So 11–18, Do 11–20 Uhr; Eintritt 4 €, bis 18 Jahre frei). Sieben Gebäude aus verschiedenen Jahrhunderten sind hier zu einem sehenswerten Museumskomplex vereint. An Audiostationen können Sie sich von Menschen erzählen lassen, die einst in diesen Häusern lebten. Das macht Kulturgeschichte spannend. An der Marktstr. 26 lädt das Museum Ravensburger ein, in der Welt von Memory & Co auf Entdeckungsreise zu gehen (Di–So 11–18 Uhr; Eintritt 7,50 €, Kinder 5,50 €).

## Obertor ▶ Kunstmuseum

Die Marktstraße endet am fast 600 Jahre alten Obertor. Über den Mehlsackweg, dem der »Mehlsack«, ein weißer runder Wehrturm, den Namen gegeben hat, erreichen Sie die Burgstraße. Nach wenigen Schritten stehen Sie vor dem 2013 eröffneten Kunstmuseum,

das sich architektonisch perfekt ins mittelalterliche Umfeld einfügt und im Inneren u. a. expressionistische Werke zeigt (www.kunstmuseum-ravensburg.de; Di, Mi, Fr–So 11–18, Do 11–19 Uhr; Eintritt 6 €, bis 18 Jahre frei). Über den Hirschgraben geht es vorbei an der alten Stadtmauer zum Bahnhof zurück.

### Musik in der Scheune

Am Rande der Altstadt steht die Zehntscheuer. Engagierte Bürger kämpften für den Erhalt des schönen Gebäudes und machten eine Kleinkunstbühne daraus: Irish Folk, Schweizer Volksmusik, Jazz – hier ist immer etwas los. Vielleicht haben Sie ja Lust, in die Ravensburger Szene einzutauchen (▶ S. 15).

Neuer Glanz in alten Gemäuern: Das mit wahrer Hingabe sanierte, 2011 eröffnete Museum Humpis-Quartier (▶ S. 156) ist mit Recht der ganze Stolz der Stadt.

# MIT DEM FAHRRAD VON KONSTANZ NACH STEIN AM RHEIN

**CHARAKTERISTIK:** Entspannte Radtour am Wasser entlang. Der einzige Anstieg führt hinauf zum Schloss Arenenberg **DAUER:** Tagesausflug **LÄNGE:** 35 km einfach auf dem Bodenseeradweg **EINKEHRTIPP:** Garantiert fangfrischer Fisch kommt im Restaurant Seegarten in Ermatingen auf den Tisch. Eine der beiden Betreiberinnen ist nämlich mit einem Fischer verheiratet. Im Sommer kann man im gemütlichen Gastgarten draußen sitzen. Untere Seestr. 39, Tel. +4 17 16 60 06 21, www.seegarten-ermatingen.ch, Di–Sa, €€€ **AUSKUNFT:** Tourismus Stein am  Rhein, Oberstadt 3, Tel. +4 15 26 32 40 32, www.steinamrhein.ch; www.bodensee-radweg.com; www.fahrrad-tour.de

🚲 D 3–C 3

Der größte Teil der Tour verläuft ohne größere Anstiege auf dem sehr gut ausgeschilderten Bodenseeradweg.

**Konstanz ▶ Gottlieben**
In Konstanz folgt man zunächst der Konstanzer Straße stadtauswärts, biegt dann – kurz, bevor man auf die Kreuzlinger Straße trifft – rechts in die Badstraße hinein ab und erreicht nach wenigen Metern den Rhein. An seinem Ufer entlang radelt man hinüber in die Schweiz, erster Ort ist hier Gottlieben. In dem hübschen Örtchen lohnt ein kurzer Stopp für alle, die sich für den Lyriker und Dramatiker Emanuel von Bodman (1874–1946) interessieren. In seinem ehemaligen Wohnhaus am Dorfplatz ist heute ein kleines Museum eingerichtet (www.bodmannhaus.ch; Mi 14–17 Uhr).

**Ermatingen ▶ Schloss Arenenberg**
Weiter geht es nach Ermatingen. Im Ortsteil Mannenbach erhebt sich in Bestlage das Schloss Arenenberg über den Bodensee. Hier lebte von 1817 bis zu ihrem Tod im Oktober 1837 Hortense de Beauharnais, die Frau von Napoleons Bruder Louis Napoleon Bonaparte. Ihr Sohn, der spätere Napoleon III., verlebte hier den Großteil seiner Jugend. Der Grund, warum Hortense im kleinen Ermatingen und nicht in Paris Hof hielt, war, dass sie für ihren Stiefvater Napoleon Bonaparte Partei ergriffen hatte, als der nach seiner Flucht aus dem Exil auf Elba noch einmal für 100 Tage die Herrschaft in Frankreich übernahm. Nach seiner endgültigen Niederlage wurde dann nicht nur der Franzosenkaiser ins Exil geschickt, sondern auch seine Mitstreiterin. Ihrer Liebe zur Gartenbaukunst ist die wunderschöne Parkanlage zu verdanken.

Heute ist in dem Schloss das Napoleonmuseum, u. a. mit wertvollen Kunstwerken und prunkvollem Mobiliar, untergebracht (www.napoleonmuseum.ch; April–Mitte Okt. tgl. 10–17 Uhr, Mitte Okt.–März Mo geschl.; Eintritt 12 CHF, Kinder 5 CHF). Bei einem Spaziergang durch die Parkanlagen genießen die Besucher weite Blicke über den Bodensee.

## Steckborn ▶ Eschenz

Nur 6 km sind es vom Napoleonschloss nach Steckborn, einem 3500-Einwohner-Städtchen, das auf einer Halbinsel in den Bodensee hineinragt. Von Hermann Hesse wird gesagt, dass er von Gaienhofen hierher zum Einkaufen gerudert sei. Sehenswert ist die Stadtkirche, deren Inneres mit feinen Stuckarbeiten geschmückt ist und von deren Turm man einen weiten Blick über den See werfen kann. Der Turmhof aus dem 14. Jh. mit seinen vier Eck-türmchen liegt unmittelbar am Seeufer und beheimatet ein kleines Stadtmuseum.

Vor dem Nachbarort Eschenz liegen die malerischen Werd-Inseln im Bodensee. Das Franziskanerkloster auf der Hauptinsel erreicht man über eine etwa 200 m lange Fußgängerbrücke.

## Stein am Rhein ▶ Konstanz

Abschluss und gleichzeitig Höhepunkt der Radtour ist die Gemeinde Stein am Rhein, in die man durch das Untertor hineinradelt. Mit seinen Erkern und freskenbemalten Fassaden gehört der 3200 Einwohner zählende Ort zu den schönsten in der Region. Ein beliebtes Fotomotiv ist der autofreie Rathausplatz, sehenswert auch das ehemalige Kloster Sankt Georgen samt Museum (Fischmarkt 3; www.kloster sanktgeorgen.ch; April–Okt. Di–So 10–17 Uhr; Eintritt: 5 CHF, Kinder 3 CHF), das dem Patron der Stadt gewidmet ist.

Im linksrheinischen Teil der Stadt trifft man auf malerische Fischerhäuser.

Von Stein am Rhein aus geht es wieder über den Bodenseeradweg zurück nach Konstanz.

Die Fassadenmalereien an den Gebäuden rund um den Rathausplatz in Stein am Rhein (▶ S. 159) stammen teilweise sogar noch aus der Renaissance.

# SIGHTSEEING IN SCHAFFHAUSEN UND WEITER ZUM TOSENDEN RHEINFALL

**CHARAKTERISTIK:** Dieser Ausflug führt ins schweizerische Schaffhausen, das sich z. B. ab Konstanz gut mit der Bahn erreichen lässt **DAUER:** Tagesausflug, evtl. mit Übernachtung **LÄNGE:** ca. 70 km ab Konstanz, je nach Verbindung 45–90 Min. Bahnfahrt, einfaches Ticket ab 12 € **EINKEHRTIPP:** Güterhof, Freier Platz 10, www. gueterhof.ch, €€€ **ÜBERNACHTEN:** Hotel Zum Rüden, historisches Mauerwerk mit trendigem Innendesign, Oberstadt 20, Tel. +4 15 26 32 36 36, www.rueden.ch, €€€ **AUSKUNFT:** Schaffhauserland Tourismus, Herrenacker 10, Tel. +4 15 26 32 40 20, www.schaffhauserland.ch; Rheinfall-Schifffahrt in Neuhausen, www.rheinfall.ch, April–Okt. 11–15, im Sommer 9.30–18.30 Uhr

🚏 A 3

Schaffhausens Altstadt bezaubert mit mittelalterlichem Charme. Sage und schreibe 171 Erker zählt man in der Stadt am Rhein – so viele wie keine andere in der Bodenseeregion.

**Bahnhof ▶ »Haus zum Ritter«**
Wenn Sie Ihre Stadterkundung am Bahnhof beginnen, gehen Sie Richtung Oberstadt. Dort bietet sich mit dem »Haus Zum Steinbock« (Nr. 16) ein Beispiel für die aufwendige Rokoko-Stuckatur, wie sie Bauherren um 1750 erschaffen ließen. Biegen Sie links auf den Fronwagplatz. Unübersehbar ist der Fronwagturm; an seinem Giebel zeigt eine astronomische Uhr nicht nur Stunden und Wochentage, sondern vielerlei astronomische Daten an. Durch Stadthaus- und Sporrengasse geht es in die Vordergasse, wo sich das »Haus zum Ritter« (Nr. 65) mit seinen prächtigen Renaissancefresken findet.

**Benediktinerabtei ▶ Munot**
Über Münstergasse und Klostergraben gelangen Sie zur ehemaligen Benediktinerabtei. Sehenswert dort ist das Museum Zu Allerheiligen, das Stadt-

und Kulturgeschichte sowie Archäologie vereint (Klostergasse 16; www. allerheiligen.ch; Di–So 12–17 Uhr; Erwachsene 12 CHF, Kinder frei).
Schön für eine Pause ist das Museumscafé. Werfen Sie auch einen Blick in das um 1100 errichtete Münster. Anschließend folgen Sie der Pfarrhofgasse Richtung Munot (www.munot.ch). Die wuchtige Festung ähnelt einer mittelalterlichen Burg, wurde aber erst im 16. Jh. zu Verteidigungszwecken gebaut. Auf einem asphaltierten Weg geht es am einstigen Festungsgraben entlang, in dem heute friedlich das Damwild grast. Oben angekommen, bietet sich ein toller Blick auf die Dächer und über den Rhein. Im Sommer finden samstags die »Munotbälle« statt, wo man Standard und die Quadrille tanzt.
Im altertümlichen Munotturm wohnt immer noch ein Turmwächter, Christian Beck, mit seiner Frau. Beck läutet jeden Tag um 21 Uhr zur Nacht, und wenn er mal Urlaub macht, meinen die Schaffhauser, dies auch zu

Schaffhausens Festung Munot (▶ S. 160) liegt im oberen Teil der Stadt. Der Blick über den Rebhang entlang der Wehrmauer und den Römerturm bis zum Rhein hinab lohnt den Aufstieg.

hören. Der Vertreter schlägt die Glocke halt anders, sagen sie.

### Unterstadt ▶ Rheinfall

Runter in die Stadt führen Treppen durch den Weinberg, wo Pinot- und Blauburgundertrauben reifen. Über Unterstadt und Läufergässchen kommen Sie schließlich ans Rheinufer. Der Güterhof, ein historisches Lagerhaus am Freier Platz, ist als schicke Gastronomie-Location absolut angesagt – zum Kaffeetrinken oder Essen auf der Terrasse oder für einen Drink in der Lounge. Den Rheinblick gibt's immer gratis dazu.

Per Bus (Linie 1) geht es in etwa zehn Minuten nach Neuhausen, wo der Rhein aus 23 m Höhe und auf einer Breite von 150 m von den Felsen fällt. Auf unterschiedlichen Schiffstouren – so etwa einer Rundfahrt im Rheinbecken oder einer Fahrt zum Mittelfelsen – kommt man dem tosenden Gewässer ganz nah.

Aus atemberaubender Perspektive kann man es auch im benachbarten Kletter-Adventurepark erleben (Nohlstraße; www.ap-rheinfall.ch; April– Okt. 10–19 Uhr; Eintritt 40 CHF, Kinder je nach Alter 16–32 CHF).

# AUSFLUG INS FÜRSTENTUM LIECHTEN-STEIN MIT HAUPTSTADT VADUZ

**CHARAKTERISTIK:** Autotour nach Liechtenstein, das vierte Land der Bodenseeregion **DAUER:** Tagesausflug **LÄNGE:** Vaduz liegt knapp 60 km von Bregenz entfernt **EINKEHRTIPP:** Marée, Gourmetrestaurant im Park Hotel Sonnenhof (▶ S. 25), Vaduz, Mareestr. 29, Tel. +42 32 39 02 02, www.sonnenhof.li, So–Fr 12–13.30, 19–21.30 Uhr, €€€€ **AUSKUNFT:** Liechtenstein Center, Städtle 39, Tel. +42 32 39 63 63, www.tourismus.li, tgl. 10–17 Uhr

🚗 **südl. F 6**

Die Bodenseeregion vermarktet sich seit einiger Zeit als Vierländerregion, und auch, wenn es nicht direkt am See liegt, so ist Liechtenstein, viertkleinstes Land Europas und sechstkleinstes der Erde, von dort aus schnell erreicht. Sehr schön ist die Anreise ab Bregenz, durch den Bregenzer Wald mit seinen einsam liegenden Gehöften, Almwiesen und tollem Panorama.

## Schloss Liechtenstein

Vaduz ist der Hauptort und der Regierungssitz der Fürsten von Liechtenstein. Märchenhaft wirkt ihr trutziges Anwesen, Schloss Vaduz, das hoch über dem Ort auf einer Felsterrasse thront. In den Besitz des Hauses Liechtenstein kam das Schloss 1712. Unter dem Namen Hohenliechtenstein diente es zunächst der Landvogtei als Sitz mit Dienstwohnungen. Ab Mitte des 18. Jh. verfiel es zusehends, erst zu Beginn des 20. Jh. wurde es gründlich restauriert. Das kam den Liechtensteiner Fürsten, die bis dahin auf ihren Besitzungen in Österreich lebten, nach dem Anschluss der Alpenrepublik an Nazi-Deutschland zupass. 1939 verlegte Franz Josef II. als erster Liechtensteiner Fürst den Wohnsitz ins kleine Fürstentum.

Interessantes über die Geschichte des Zwergstaats können Sie auf einem geführten Rundgang durch Vaduz erfahren (buchbar über die Tourist Info). Oder Sie schauen sich den Ort zu Füßen des Schlosses auf eigene Faust an.

## Steuerparadies mit Luxusambiente

Vaduz gehört zu den renommierten Finanzplätzen der Welt, denn Liechtenstein hat sich bei Anlegern und auch als Steuerschlupfloch einen Namen gemacht. Dabei zählt Vaduz gerade einmal 5300 Einwohnern, der Ortskern, Städle genannt, besteht aus nur einem Straßenzug.

Doch dass hier Geld im Umlauf ist, zeigen die Edel-Boutiquen und die Kunsttempel von Vaduz. Das Kunstmuseum (Städle 32; www.kunstmuseum.li; Di–So 10–17, Do bis 20 Uhr; Eintritt 12 CHF, Kinder frei) präsentiert sich als riesige Black Box aus schwarz eingefärbtem Zement und schwarzem Basaltstein. Die Umgebung spiegelt sich in der handgeschliffenen Fassadenoberfläche. Innen werden moderne und zeitgenössische Kunst gezeigt. Seit 2015 erweitert ein weißer Block die Black Box des Kunstmuseums. Das weiße Haus beherbergt die Hilti Art Foun-

Es muss nicht immer Schloss Liechtenstein sein – auch die Stadt Vaduz (▶ S. 162) lohnt nicht zuletzt wegen ihres Kunstmuseums einen Besuch.

dation mit Gemälden und Plastiken vom späten 19. Jh. bis zur Gegenwart. Für die Kaffeepause oder ein leichtes Mittagessen empfiehlt sich das licht-durchflutete Café des Kunstmuseums, gleichzeitig auch eine Sushi Bar (Mi–Fr 9–23, Sa–Di 9–18 Uhr).

### Geschichte des Fürstentums

Anschließend steht ein Abstecher ins Landesmuseum an, das die bewegte Geschichte des Fürstentums anschaulich macht und den industriellen Aufstieg nach dem Zweiten Weltkrieg (Städle 43; www.landesmuseum.li; Di–So 10–17 Uhr; Kombiticket mit Kunst-museum 15 CHF, sonst 8 CHF, Kinder frei). Wesentlichen Anteil daran hatten jüdische Flüchtlinge, die während der Nazizeit im Fürstentum Zuflucht fanden, aber auch die Teilnahme am Europäischen Wirtschaftsraum (EWR) seit 1992, die die Handelsfreiheit zwischen Liechtenstein und der EU ermöglicht.

Wenn Sie sich zum Ausklang ein besonderes Gourmet-Erlebnis gönnen möchten, ist das Restaurant Marée im Park Hotel Sonnenhof ideal – Liechtensteins Topadresse mit Michelin-Stern und fantastischem Panorama.

# DEN BODENSEE
# ERFASSEN

Ehre, wem Ehre gebührt: St. Gallens Stiftsbibliothek gehört zum UNESCO-Welterbe.

# AUF EINEN BLICK

*Hier erfahren Sie alles, was Sie über den Bodensee
wissen müssen – kompakte Informationen über Land und Leute,
von Bevölkerung und Geografie über Politik und Religion
bis Sprache und Wirtschaft.*

## BEVÖLKERUNG

Rund um den See leben etwa 2 Mio. Menschen. In der gesamten Bodenseeregion, zu der auch Liechtenstein gerechnet wird, sind es 3,9 Mio. Konstanz mit rund 83 000 Einwohnern ist die größte Stadt am See, gefolgt von Friedrichshafen mit 58 000 und Radolfzell mit 30 300 Einwohnern.

## LAGE UND GEOGRAFIE

Der Bodensee liegt im nördlichen Alpenvorland, im Dreiländereck Deutschland, Österreich und Schweiz.

Österreichs Anteil am Bodenseeufer ist mit 28 km der kleinste, auf die Schweiz entfallen 72, auf Deutschland 173 Uferkilometer. Das Fürstentum Liechtenstein liegt, als Nachbar von Österreich und der Schweiz, im Hinterland etwa 50 km vom See entfernt.

An seiner längsten Stelle misst der See, der Deutschlands größter ist, 63 km, an seiner breitesten 14 km, an seiner tiefsten liegen 254 m zwischen Wasseroberfläche und Grund.

Genau genommen setzt sich das »Schwäbische Meer« aus dem mit

◀ Die Mainau ( ▶ MERIAN TopTen, S. 110) ist auch direkt per Schiff erreichbar.

473 qkm Wasseroberfläche großen Obersee zwischen Lindau und Konstanz und dem mit 63 qkm wesentlich kleineren Untersee zwischen Konstanz und Stein am Rhein zusammen. Der Rhein verbindet Ober- und Untersee und wird auf diesem Teilstück bei Konstanz Seerhein genannt.

Das westliche Hinterland auf deutscher Seite ist der Hegau, dessen Landschaft von Vulkankegeln geprägt ist. In Österreich und der Schweiz wird der See von den Gipfeln der Voralpen gerahmt. Der Pfänder bei Bregenz ist mit 1064 m der höchste Berg am See.

## POLITIK UND VERWALTUNG

Auf deutscher Seite gehören 155 km des Bodenseeufers zum Bundesland Baden-Württemberg, das seit 2011 von einer Koalition aus SPD und Grünen unter der Führung der Grünen regiert wird. Nur 18 km des Ufers liegen auf dem Territorium des Freistaats Bayern, dort ist die CSU stärkste Macht. Der österreichische Teil des Bodensees gehört zum Bundesland Vorarlberg, die Landesregierung wird von der bürgerlich-konservativen ÖVP angeführt; der Schweizer Teil des Bodensees entfällt auf die Kantone Thurgau und St. Gallen. In den Kantonen bestimmen Regierungsräte mit Mitgliedern verschiedener Parteien die Politik.

Und wie teilen sich drei Länder einen See? Jeder Anrainer hat die Hoheitsrechte an seinem Uferstück bis zu der Stelle, an der der See 25 m Tiefe erreicht. Ab diesem Punkt ist der See Gemeinschaftsbesitz.

## SPRACHE

Die Schweizer Bodenseeregion gehört zum deutschsprachigen Teil der Schweiz. Rund um den See wird Deutsch in unterschiedlichen alemannischen Dialekten gesprochen – auf der deutschen Seite hört man vor allem Schwäbisch, Badisch und Bayerisch.

## WIRTSCHAFT

Rund um den Bodensee wird ordentlich Geld verdient. Das in der Vier-Länder-Region erwirtschaftete BIP beträgt etwa 205 Mrd. Euro, pro Kopf wird ein BIP von 53 000 Euro erwirtschaftet.

Wichtigster Sektor ist der Dienstleistungsbereich, in dem hier über 70 Prozent aller Erwerbstätigen beschäftigt sind. In der Landwirtschaft verdienen heute nur noch drei Prozent der arbeitenden Bevölkerung ihr Geld. Auf die Industrie entfallen 26 Prozent der Arbeitsplätze.

Der Obstbau hat die Nahrungsmittelindustrie in die Region gezogen. Auch die Rüstungsindustrie ist hier stark vertreten, in Immenstaad fertigt EADS Drohnen, Diehl Defence in Überlingen stellt Minen und Lenkraketen her, Liebherr in Lindau stattet u. a. Kampfhubschrauber aus.

**EINWOHNER:** Bodenseeregion: 3,9 Mio.

**FLÄCHE:** Bodenseeregion: 14 797 qkm; Bodensee: 534 qkm

**GRÖSSTE STADT:** Konstanz, 83 000 Einwohner

**RELIGION:** überwiegend katholisch

**INTERNET:** www.bodensee.eu

**WÄHRUNG:** Euro, Schweizer Franken

# Im Fokus
## Ein See, drei Länder

---

*Drei Länder teilen sich den Bodensee. Die politische Zusammenarbeit zwischen Österreich, der Schweiz und Deutschland funktioniert hervorragend. Und auch die Menschen kommen gut miteinander aus, ein paar Unstimmigkeiten bleiben aber doch.*

Die Ausländer sollten sich erst mal anpassen, heißt es. Die hohen Schweizer Löhne würden sie gern einstecken, aber dann würde über die Preise geschimpft und über das Gastland obendrein. Und besserwisserisch seien die Fremden. Die »Ausländer«, von denen hier die Rede ist, sind die Deutschen – auf der Schweizer Seite des Bodensees laufen die Ausländerdebatten unter umgekehrten Vorzeichen ab. Hier sind die Deutschen die Armen, die »Wirtschaftsflüchtlinge« sozusagen, die nur wegen des höheren Einkommens in die Schweiz ziehen. Oder, wie in der Bodenseeregion üblich, zum Arbeiten hinüberpendeln und damit das Beste beider Welten für sich in Anspruch nehmen – hohe Löhne hier, niedrige Lebenshaltungskosten dort.

Der Bodensee ist ein internationaler See, an dem drei Nationen zusammenleben – und entsprechend auch drei Mentalitäten aufeinandertreffen. Wirkliche Probleme haben Schweizer, Deutsche und Österreicher miteinander keine. Der See verbinde, sagen sie auf der einen wie der

◄ Einmalig: die von Skulpturen gesäumte Länder-
grenze zwischen Kreuzlingen und Konstanz.

anderen Seite. Und: Wer im Umkreis 10 km um den See wohne, verstehe
die »anderen« jenseits der Grenze ohnehin. »Wir alle sind Bodensee-
anwohner.« Auch diesen Satz hört man oft.

Trotzdem: Ein bisschen was zu erzählen haben sie schon übereinander.
Zumindest die Deutschen über die Schweizer und umgekehrt. Die
sprachliche Nähe ist hier Segen und Fluch zugleich. Man versteht sich,
aber erkennt auch sogleich, wer »nicht dazugehört«, wer »der Fremde« ist.
Als Deutscher in der Schweiz wandert man daher auf einem schmalen
Grat. Spricht man Hochdeutsch, wird man schnell als hochnäsig ge-
brandmarkt, versucht man sich in Schwitzerdütsch, kann das als Anbie-
derung oder auch als Anmaßung ausgelegt werden. Gar nicht mögen es
die Schweizer, wenn sich die Deutschen über ihre Sprache lustig machen
oder sie als »süß« und »niedlich« loben. Oder sie gar »nur« als deutschen
Dialekt einstufen. Schwitzerdütsch ist eine eigenständige Sprache – zumindest nach Ansicht der Schweizer. Und da hilft es auch nicht, wenn
Sprachwissenschaftler von einem alemannischen Dialekt sprechen. Am
schlimmsten ist es aber, wenn die Deutschen glauben, dass sie schon
Schwitzerdütsch sprächen, wenn sie an jedes Substantiv ein »-li« anhän-
gen und dies dann auch ausgiebig praktizieren. Für die Schweizer ist die
Sprache Teil ihrer Identität, und deswegen haben sie kein Verständnis für
die Arroganz der Deutschen, was dieses Thema angeht.

## REDEN IST SILBER, SCHWEIGEN IST GOLD

Die Schweizer sind viel zurückhaltender und introvertierter als ihre
Nachbarn, auch nach eigener Einschätzung. »Wir sind eben ein Hirten-
und Bergvolk«, sagen viele. »Deutsche kommen viel schneller miteinander ins Gespräch«, beobachtet Lore Vetterli, die im Schweizer Grenzort
Stein am Rhein als Fremdenführerin oft mit deutschen Gästen zu tun hat.
»Wir empfinden die Deutschen dann als forsch«, sagt sie, betont aber
gleichzeitig, dass man in der Innerschweiz in diesen Fragen noch viel
konservativer sei als am Bodensee. »Schweizer warten gerne ab, wir tas-
ten uns vor«, sagt Vetterli.

Genau darüber lästern dann die Deutschen. Langsam seien die Schweizer – im Reden und auch im Denken. Dass sie nicht gleich losplappern
wie die Deutschen, das sehen auch die Schweizer selbst so. Nur ist ihre
Begründung eine andere, sie würden nicht etwa langsamer denken als die

Deutschen, sondern eben erst nachdenken, bevor sie sprechen. Zurück-haltung und Freundlichkeit sind kein Widerspruch, überall in der Schweiz wird man aufmerksam bedient, aller Orten bekommt man ein Lächeln geschenkt, und der Service ist in der Regel überall zuvorkom-mend. Während Deutsche beim Bäcker beispielsweise kurz und bündig mit »Ich bekomme ein Brot« bestellen, macht der Schweizer das, laut Vetterli, mit einem »Könnte ich bitte ein Brot haben«. Und fügt – damit es nicht zu aggressiv klingt – sicherheitshalber an passender Stelle noch ein »vielleicht« ein.

## HÖFLICH STATT FREUNDLICH

Doch halt, ist das wirklich freundlich? Der Schweizer Kabarettist Andreas Thiel ist da anderer Meinung. Er schreibt: »Die Deutschen mögen uns. Sie finden uns freundlich, was wir aber faktisch weder sind noch sein wollen. Wir bemühen uns bloß, höflich zu sein. Das ist ein himmelweiter Unterschied … Die Deutschen, bei deren Umgangsformen die Höflich-keit nicht zuvorderst steht, unterliegen dem Fehler, die schweizerische Höflichkeit als Freundlichkeit zu interpretieren… Dass die Deutschen uns mögen, ist die Folge eines Missverständnisses.«

Zu Fehlinterpretationen, wie sie Thiel anspricht, kommt es häufig, wenn ein Schweizer einem Deutschen das »Du« anbietet. In Deutschland ist das quasi der Adelsschlag, ein Meilenstein auf dem Weg zu einer guten Freundschaft. Für einen Schweizer bedeutet das »Du« aber noch lange nicht, dass man befreundet ist. Man ist einfach höflich und hat eine an-genehme Gesprächsatmosphäre geschaffen. Deutsche wundern sich dann oft, warum der vermeintliche Freund dann plötzlich so unterkühlt und geschäftsmäßig mit einem umgeht. Dazu noch einmal der Satiriker Andreas Thiel: »Der Deutsche, der unsere Höflichkeit mangels besseren Wissens persönlich nimmt, ist sofort begeistert von der Schweiz. Bleibt er hier, wird er aber bald mit der Distanz konfrontiert, die die Höflichkeit von der Freundlichkeit unterscheidet. Er trifft auf eine Reserviertheit, die er nicht erwartet hat.«

## DES EINEN FREUD IST DES ANDEREN LEID

Die vielleicht naive, aber immerhin vorhandene Begeisterung, die Thiel den Deutschen in Bezug auf die Schweiz unterstellt, wird gegenwärtig aber zumindest in Konstanz Wochenende für Wochenende auf eine harte Probe gestellt. Der riesige Preisunterschied, bedingt durch einen im Ver-gleich zum Euro enorm starken Franken, führt zu einem regelrechten

Schweizer Sturm auf die grenznahen Einkaufscenter. Das freut zwar die Geschäftsleute, die Konstanzer aber schimpfen über das Gedränge an den Kassen, wenn sie mit Butter, Milch und Brot im Korb am Ende der Schlange hinter Dutzenden reichen Nachbarn mit bis zum Rand gefülltem Einkaufswagen stehen.

Trotz der Schlacht im Supermarkt und trotz des Sprachenstreits – wenn man der Statistik glaubt, dann mag man einander. Eine repräsentative Studie des Instituts für sozialwissenschaftliche Regionalforschung in Bregenz hat ergeben, dass sich 49 Prozent aller Schweizer Bodenseeanrainer eher mit den Bodenseebewohnern in den Nachbarländern identifizieren als mit der Restschweiz. Da weitere 17 Prozent der Befragten zu Protokoll gaben, dass die Identifikation mit der Bodenseeregion und der Restschweiz gleich stark sei, kann man schon fast von einem Gleichklang der Mentalitäten am See sprechen. Da hat die Fremdenführerin Lore Vetterli offenbar recht, die allen Süddeutschen attestiert: »Die sind ziemlich wie wir, wir verstünden einand.«

## ABGEWIESENES LIEBESWERBEN

Die Österreicher scheint ohnehin jeder zu mögen am Bodensee – was auch daran liegen kann, dass sie den kleinsten Anteil am See haben und deswegen im nachbarschaftlichen »Machtkampf« nicht mithalten können. Der andere Grund ist aber, dass viele Vorarlberger eigentlich lieber Schweizer wären. Sprachlich ist man dem westlichen Nachbarn sowieso näher als dem Rest Österreichs. Nach dem Ersten Weltkrieg hatten sich die Vorarlberger 1919 in einer Volksabstimmung mit mehr als 80 Prozent für Beitrittsverhandlungen mit der Schweiz ausgesprochen. Damals hatten aber die Schweizer das Liebeswerben zurückgewiesen. Sie fürchteten, dass das fein austarierte Gleichgewicht zwischen Religionen und Sprachen gestört und zugunsten der Katholiken und Deutschsprachigen verschoben werden könnte. Eines ist aber geblieben von der Volksabstimmung: die spöttische Bezeichnung als »Kanton Übrig« für Vorarlberg.

Alles nur Geschichte? An der Liebe der Vorarlberger zur Schweiz scheint sich nichts geändert zu haben. Als ein regionales Nachrichtenportal Ende 2014 seinen Lesern die Frage von 1919 erneut stellte, ergab sich ein ähnliches Ergebnis: 70 Prozent der 2600 Abstimmenden sprachen sich für einen Beitritt zur Schweiz aus. Nicht repräsentativ sei die Umfrage gewesen, schob das Vorarlberger Magazin sofort nach; an der Tendenz, dass die Mehrheit der Vorarlberger gerne Schweizer wären, ändert das vermutlich nichts.

# GESCHICHTE

*Den Bodensee selbst gibt es in seiner heutigen Form bereits seit der Antike, doch um ihn herum hat sich in all der Zeit seines Daseins große Geschichte abgespielt. Herrscher kamen und gingen – der See blieb.*

## 8000–5500 v. Chr.
### Erste menschliche Spuren

Fundstellen von Steinwerkzeugen belegen, dass Jäger und Sammler in der Bodenseeregion unterwegs waren, ohne dort jedoch permanent zu siedeln.

## 4000–800 v. Chr.
### Permanente Siedlungen

In der Jungsteinzeit und der Bronzezeit leben rund um den See Menschen in Pfahlbauten.

## Um 500 v. Chr. Keltenzeit

Die Kelten siedeln am Bodensee und bringen das Wissen um die Herstellung von Eisenwaffen und -werkzeugen mit. Die wichtigsten keltischen Siedlungen entstehen am Südostufer des Bodensees in der Nähe des heutigen Bregenz.

## 15 v. Chr.–ca. 400 n. Chr.
### Die Römer kommen

Die Römer stoßen im Verlauf des Alpenfeldzugs 15 v. Chr. bis zum Bodensee vor und unterwerfen die dort lebenden Kelten; diese werden aber nicht vertrieben, sondern gehen in der römischen Kultur auf. Von nun an gehört das Gebiet zur römischen Provinz Raetien. 43 n. Chr. wird der Bodensee erstmals schriftlich erwähnt, der Geograf Pomponius Mela spricht in seinem Werk »De situ orbis«, in dem er die gesamte damals bekannte Welt beschreibt, vom »Lacus Venetus« (Ober-

**4000 v. Chr.**
Permanente Besiedlung – die Pfahlbauten werden gebaut.

**500 v. Chr.**
Mit den Kelten kommt das Wissen um den Gebrauch von Eisenwerkzeugen in die Region.

Die Römer erobern das Gebiet am Bodensee.

**15 v. Chr.**

see) und »Lacus Acronius« (Untersee). Am Seeufer entlang bauen die Römer im 2. und 3. Jh. eine Uferstraße und verbinden damit die Städte Brigantium (Bregenz), Arbor Felix (Arbon) und Constantia (Konstanz). Ab Mitte des 3. Jh. dringen die Alemannen immer wieder in Richtung Bodensee vor, 335 werden sie zwar noch einmal besiegt, doch als die Westgoten um 400 in Oberitalien eindringen und Richtung Rom marschieren, geben die Römer alle Gebiete nördlich der Alpen auf.

## 610 Beginn der Christianisierung

Der irische Mönch Columban kommt zusammen mit seinem Schüler Gallus um 610 an den Bodensee; zur gleichen Zeit wird Konstanz Bischofssitz. Die beiden Gottesmänner finden zwar bei Teilen der Bevölkerung mit ihren Lehren durchaus Gehör, säen aber mit ihrem missionarischen Eifer auch Streit und Zwietracht. Deswegen fordert sie der Herzog von Überlingen auf, das Land zu verlassen. Columban zieht weiter nach Mailand, Gallus bleibt unter dem Vorwand, erkrankt zu sein,

in der Gegend und lebt dort weiter als asketischer Einsiedler. Am Ort der Einsiedelei gründet Othmar im Jahr 719 eine Abtei mit dem Namen St. Gallen. Das Kloster wird bald zu einem geistlichen und wissenschaftlichen Zentrum, das weit über die Region hinauswirkt. Viele kulturelle Strömungen jener Zeit lassen sich auf das Kloster St. Gallen zurückführen. Ein weiteres wichtiges Zentrum entsteht 724 durch die Gründung des Klosters auf der Insel Reichenau. Die Klöster der Region tragen auch wesentlich zur wirtschaftlichen Blüte im Bodenseeraum bei.

## Ab 746 Die Herrschaft der Karolinger

Die Karolinger, die in Frankreich schon seit 639 herrschen, breiten nun ihren Machtbereich auch auf das Bodenseegebiet aus. Vom Namen der Palastanlage »Bodema«, die sie auf dem Gebiet der heutigen Ortschaft Bodman errichteten, leitet sich das Wort Bodensee ab. Die karolingische Pfalz stand an Stelle der Pfarrkirche in Bodman, ihre Grundmauern sind teilweise erhalten.

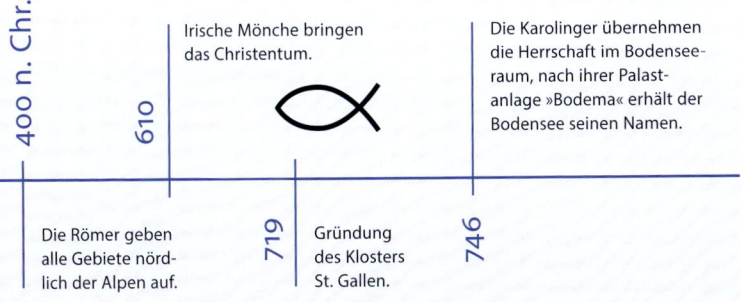

400 n. Chr.

610 — Irische Mönche bringen das Christentum.

Die Karolinger übernehmen die Herrschaft im Bodenseeraum, nach ihrer Palastanlage »Bodema« erhält der Bodensee seinen Namen.

Die Römer geben alle Gebiete nördlich der Alpen auf.

719 — Gründung des Klosters St. Gallen.

746

## 11. Jh.–Mitte 13. Jh.
### Das Stauferreich

Im 11. Jh. beginnt der Aufstieg des süddeutschen Adelsgeschlechts der Staufer, sie bringen in den nächsten Jahrhunderten mehrere römisch-deutsche Könige und Kaiser hervor – darunter Friedrich Barbarossa und Friedrich II. Auch der Bodensee wird zum staufischen Reichsland, die Region prosperiert, denn sie wird zu einem wichtigen Umschlagplatz für Waren im Handel mit Italien.

## Ab 1273 Die Habsburger

1273 übernimmt das ursprünglich aus dem Gebiet des heutigen Schweizer Kantons Aargau stammende Adelsgeschlecht der Habsburger mit Rudolf I. die Herrschaft im Deutschen Reich und damit auch über die Bodenseeregion. Gegen die »bösen Vögte« Habsburgs legen die Vertreter der Schweizer Kantone Uri, Schwyz und Unterwaldsee am 1. August 1291 den Rütlischwur ab. Obwohl historisch nicht gesichert, gilt dieses Datum bis heute als Gründungsdatum der schweizerischen Eidgenossenschaft. Die Habsburger stärken die Städte und gestehen ihnen eine größere Eigenständigkeit zu – als Reichsstädte haben Überlingen, Konstanz und Lindau besonderes Gewicht.

## 1414–1418 Das Konzil
### von Konstanz

1414 wird auf Initiative des römisch-deutschen Königs Sigismund in Konstanz ein Konzil einberufen, ein Gipfeltreffen, zu dem die Mächtigen der gesamten christlichen Welt geladen sind. Ziel ihrer Zusammenkunft ist es, die Spaltung der katholischen Kirche zu überwinden und wieder einen gemeinsamen Papst an die Spitze zu bringen. Machtkämpfe innerhalb der mächtigen Institution hatten dazu geführt, dass es neben dem Papst in Rom zunächst einen, dann sogar zwei Gegenpäpste gibt. Nur einer der drei amtierenden Päpste, Johannes XXIII. aus Pisa, kommt nach Konstanz, um seine Position zu verteidigen. Doch schon 1415 flieht er aus der Stadt, um seiner Absetzung zu entgehen. Im gleichen

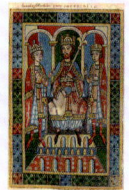

Aufstieg der Staufer. Der Bodensee wird zum Umschlagplatz für den Handel mit Italien.

Der Rütlischwur gegen die »Vögte der Habsburger« gilt bis heute als Gründungsakt der schweizerischen Eidgenossenschaft.

1291

11. Jh.

1273 Die Herrschaft der Habsburger beginnt. Die Macht der Städte wächst.

Jahr wird der Reformator Jan Hus auf dem Konzil als Ketzer verbrannt. Drei weitere Jahre dauert das diplomatische Ringen dann noch, bis man sich 1418 auf Papst Martin V. als gemeinsames Kirchenoberhaupt einigt.

## 16. Jh. Kriege und Reformation

Die dauernden Streitigkeiten zwischen dem Hause Habsburg und der Schweizer Eidgenossenschaft führen 1499 zum Schwabenkrieg. Nach monatelangen Kämpfen wird im Frieden von Basel die Loslösung der Eidgenossenschaft vom Deutschen Reich beschlossen. Die noch heute bestehende Grenze der Schweiz wird festgelegt. 1521 erreicht die Reformation den Bodensee, der Konstanzer Bischof muss aus der Stadt fliehen. Die Schweizer Städte schließen sich dem Reformator Zwingli an. Auch Konstanz wird protestantisch und tritt dem Schmalkaldischen Bund bei, wird aber nach dessen Niederlage 1547 rekatholisiert und verliert alle Rechte als Reichsstadt.

1523 erweitern die Habsburger ihren Einflussbereich und kaufen dem chronisch klammen Grafen von Montfort große Teile der Herrschaft Bregenz ab. Damit wird bereits im 16. Jh. die Grundlage dafür gelegt, dass Vorarlberg heute zu Österreich gehört. 1525 schließen sich in den Bauernkriegen die Bodenseebauern zu sogenannten »Haufen« zusammen – im Kampf gegen die professionelle Söldnerarmee des Schwäbischen Bundes ziehen die häufig nur mit Mistgabeln und Dreschflegeln bewaffneten Bauern den Kürzeren. Wer überlebt, wird zu hohen Strafzahlungen verurteilt.

## 1618–1648 Dreißigjähriger Krieg

Der Dreißigjährige Krieg erreicht den Bodensee in den 1630er-Jahren mit Gewalt und Verwüstung. Im Oktober 1632 stehen die Schweden vor dem katholischen Radolfzell, das kampflos kapituliert. Friedrichshafen (damals noch: Buchhorn), Bregenz und die Insel Mainau werden eingenommen. Konstanz, Überlingen und Lindau halten dagegen der Belagerung stand. An den erfolgreichen Widerstand erinnert in Konstanz neben der Brücke vom

**1414–1418**

**1499**

Im Frieden von Basel werden die noch heute geltenden Grenzen der Schweiz festgelegt.

**Ab 1632**

Auf dem Konzil von Konstanz wird die Spaltung der katholischen Kirche überwunden.

Im Dreißigjährigen Krieg erobern die Schweden Radolfzell, Friedrichshafen, Bregenz und die Insel Mainau.

Festland zur Mainau das »Schweden-kreuz«, das auf ein erobertes schwedisches Kanonenrohr montiert ist. Im Westfälischen Frieden wird die Schweiz, die im Dreißigjährigen Krieg ihre Neutralität bewahren konnte, als Staat anerkannt.

## 19. Jh. Napoleon und die Säkularisation

Im Zuge der Napoleonischen Kriege besetzen die Armeen von Frankreichs Verbündeten 1798 die Schweiz. Zur »Belohnung« werden die Gebiete am Nordufer des Bodensees unter ihnen aufgeteilt – das Großherzogtum Baden und die Königreiche Württemberg und Bayern können so ihre Territorien erweitern. Durch die Verschiebung der französischen Ostgrenze müssen die deutschen Landesherren Gebietsverluste hinnehmen. Um sie zu entschädigen, werden ihnen die 1803 in der Säkularisation enteigneten Kirchenbesitztümer zugesprochen. Da in der Bodenseeregion viele Klöster liegen, ist man hier von den Enteignungen besonders betroffen.

## 1848 Revolution in Baden

Von Konstanz aus geht im April 1848 der sogenannte Heckerzug aus. Revolutionäre um den radikaldemokratischen Politiker Friedrich Hecker rebellieren in der Folge der Märzrevolution gegen die Monarchie und wollen in einem Marsch in die badische Landeshauptstadt Karlsruhe ziehen. Das liberale Konstanz scheint ihnen der ideale Ausgangspunkt für den Revolutionszug. Der allerdings wird schnell gestoppt, der Aufstand blutig niedergeschlagen. Hecker flieht in die Schweiz und später in die USA. Am Konstanzer Stadthaus erinnert heute ein Relief an den Revolutionär.

## Anfang 20. Jh. Zeppeline über dem Bodensee

Am 2. Juli 1900 steigt das erste Luftschiff zu seinem Jungfernflug auf. Er dauert allerdings nur 18 Minuten und endet mit einer Notwasserung. Während des Ersten Weltkriegs werden die Zeppelinwerke wichtig für die Rüstungsindustrie – dort stellt man neben Kriegszeppelinen auch Kampfflug-

Säkularisation: Auch in der Bodenseeregion wird die Kirche enteignet und ihr Besitz den Landesherren übertragen.

In der Reichspogromnacht wird die Synagoge in Konstanz zerstört.

1900

1938

1803

Jungfernflug des ersten Zeppelins über dem Bodensee.

zeuge her. In den 1920er-Jahren beginnt Claude Dornier in seiner Manzeller Flugzeugwerft mit dem Bau von Großflugbooten – weltbekannt ist die Do X, das damals mit Abstand größte Verkehrsflugzeug der Welt.

### 1933–1945 Schreckensherrschaft der Nationalsozialisten

In der Reichspogromnacht am 9. November 1938 zerstören die Nazis die Synagoge in Konstanz, nach Hitlers Einmarsch in Österreich wird 1939 aus dem österreichischen Bundesland Vorarlberg der Reichsgau Tirol. In Uhldingen-Mühlhofen errichten die Nazis ein Außenlager des KZ Dachau. Durchschnittlich 700 Häftlinge müssen hier unter unmenschlichen Bedingungen Stollen in den Berg treiben, in denen die Rüstungsbetriebe aus Friedrichshafen, geschützt vor gegnerischen Luftangriffen, Waffen hätten produzieren sollen.

Die Menschen am Bodensee verleben den Zweiten Weltkrieg in einer relativen Idylle, von alliierten Bombenangriffen bleiben sie fast völlig verschont.

Lediglich Friedrichshafen mit seinen Rüstungsbetrieben wird immer wieder aus der Luft angegriffen. Am Ende des Krieges sind zwei Drittel des Stadtgebietes zerstört, etwa 1000 Friedrichshafener sterben im Bombenhagel.

### Ab 1945 Nachkriegszeit

Ende April 1945 besetzen französische Truppen Baden und damit auch den Bodensee. Lindau wird als einzige bayerische Stadt ebenfalls der französischen Besatzungszone zugeschlagen und vom übrigen Bayern, das die Amerikaner besetzt halten, abgetrennt. Erst 1955 wird die Stadt dann wieder in den Freistaat Bayern eingegliedert.

Ab den 1950er-Jahren entwickelt sich der Bodensee allmählich zu einer beliebten Ferienregion. 1983 wird dann der Stiftsbezirk in St. Gallen in die UNESCO Weltkulturerbeliste aufgenommen, im Jahr 2000 folgt die Klosterinsel Reichenau, und 2011 kommen 111 Fundstellen von Pfahlbauten in der Alpenregion dazu. Außerdem steht auch das Pfahlbaumuseum in Unteruhldingen mit auf der UNESCO-Liste.

**2002**
Bei einer Kollision zweier Flugzeuge über dem Bodensee sterben 71 Menschen.

**1944/45**
Die Rüstungsbetriebe in Friedrichshafen sind Ziel alliierter Luftangriffe.

**2015**
Nach 14 Jahren wird der Bodensee-»Tatort« eingestellt, die Stadt Konstanz verliert damit einen ihrer besten Werbeträger.

# SERVICE

## Anreise

### MIT DEM AUTO

Wer aus dem Norden Deutschlands kommt, erreicht die Bodenseeregion über die Autobahnen A7, A3 und A81, ab Berlin geht es über die A9 und die A6 auf die A81, ab Dortmund über die A45, A6 und A5 bis Leonberg-West und weiter über die Bundesstraßen 295 und 464 auf die A81, deren Teilstrecke von Stuttgart nach Singen auch »Bodenseeautobahn« genannt wird.

Von Singen führt die B33 nach Konstanz, die B31 verbindet Stockach-Ost mit Friedrichshafen und Lindau. Ab München fährt man auf der A96 nach Lindau. Von Zürich führt die Schweizer Autobahn A1 in die östliche Bodenseeregion. Aus Innsbruck kommend geht es auf der A12 nach Bregenz – und damit ebenfalls an den östlichen Bodensee.

Wer auf den schweizerischen und österreichischen Autobahnen fahren will, muss eine Vignette haben. Die Schweizer verlangen für ihre Jahresvignette 40 CHF, bei den Österreichern haben Sie die Wahl zwischen einer Jahresvignette für 84,40 €, einer 2-Monats- oder einer 10-Tages-Vignette zum Preis von 25,30 € bzw. 8,70 €. Erwerben kann man Vignetten beim Zoll, an Tankstellen und Autobahnraststätten, aber auch in den Online-Shops der Automobilclubs. Auf jeden Fall sollten Sie das »Pickerl« gleich an der Grenze an die Windschutzscheibe kleben, andernfalls drohen empfindliche Geldstrafen. Wer über Bregenz in die Schweiz fahren wollte, benötigte bis 2013 lediglich eine Durchfahrtvignette für den Pfändertunnel zum Preis von 2 €. Das aber ist Geschichte – seither ist auch für dieses kurze Autobahnstück mindestens die 10-Tages-Vignette erforderlich.

### MIT DER BAHN

Es gibt eine Direktverbindung quer durch die Republik: freitags und samstags von Emden nach Konstanz (IC 2005). Der IC 119 fährt von Münster in Westfalen direkt nach Lindau, und aus dem Schwarzwald kommt man ohne Umsteigen mit der »Schwarzwaldbahn« nach Konstanz. Ab Nürnberg und München besteht Direktverbindung nach Lindau. Ab Innsbruck geht es mit der Arlbergbahn nach Bregenz. Ab Wien besteht eine Nachtzugverbindung nach Bregenz. Ab Zürich lassen sich fast alle Städte am Südufer in weniger als 90 Minuten erreichen. Die gesamte Bodenseeregion wird mit einem dichten ÖPNV-Netz der Bahnen und Busse abgedeckt.

Reiseauskünfte: Deutsche Bahn www.bahn.de; Österreichische Bundesbahn www.oebb.at; Schweizerische Bundesbahn www.sbb.ch

### MIT DEM BUS

Fernbusse bringen Passagiere kostengünstig aus allen Teilen Deutschlands in die Bodenseeregion. Der Anbieter **MeinFernbus FlixBus** verbindet viele deutsche Städte mit Friedrichshafen und Konstanz, fährt zudem zahlreiche Strecken quer durchs Land und steuert auch Singen, Lindau, Bregenz und St. Gallen an. **BerlinLinienBus** fährt von mehreren deutschen Städten nach Lindau. Die **Deutsche Touring GmbH** verbindet mit den Eurolines Germany Bussen Lindau mit diversen europäischen Destinationen. Ab Berlin bestehen auch Übernacht-Direktverbindungen nach Lindau, Bregenz und Dornbirn.

Reiseauskunft: www.busliniensuche.de

## MIT DEM FLUGZEUG

Der Airport Friedrichshafen (www.fly-away.de) ist der zentrale Flughafen für die Bodenseeregion, er wird ab Berlin, Hamburg, Frankfurt, Düsseldorf und Köln/Bonn angeflogen. Alternativ bieten sich die Flughäfen Stuttgart oder Zürich an, von beiden bestehen regelmäßige Zug- und Busverbindungen nach Konstanz.

## Auskunft

### DEUTSCHLAND

**Internationale Bodensee Tourismus GmbH**

Hafenstr. 6 | 78462 Konstanz | Tel. 0 75 31 90 94 90 | www.bodensee.eu

**Untersee Tourismus GmbH**

Im Kohlgarten 2 | 78343 Gaienhofen | Tel. 0 77 35 91 90 55 | www.tourismus-untersee.eu

### ÖSTERREICH

**Bodensee-Vorarlberg Tourismus GmbH**

Postfach 9 | 6901 Bregenz | Tel. +43 55 74 43 44 30 | www.bodensee-vorarlberg.com.

### SCHWEIZ

**Schaffhauserland Tourismus**

Herrenacker 15 | 8201 Schaffhausen | Tel. +4 15 26 32 40 20 | www.schaffhauserland.ch

**Thurgau Tourismus**

Egelmoosstr. 1 | 8580 Amriswil | Tel. +4 17 14 14 11 44 | www.thurgau-bodensee.ch

**St. Gallen Tourismus**

Bahnhofstr. 1a | 9001 St. Gallen | Tel. +4 17 12 27 37 37 | www.st.gallen-bodensee.ch

## Buchtipps

**Annette von Droste-Hülshoff: Meersburger Gedichte** (Klöpfer + Meyer, 2012) Die Grande Dame der Romantik lebte von 1841 bis zu ihrem Tod 1848 auf der Meersburg. Von der Bodenseelandschaft und den wechselnden Stimmungen am See hat sie sich zu etlichen Gedichten inspirieren lassen.

**Hermann Hesse: Luftreisen** (Insel, 1999) Der Autor gehörte zu den ersten seiner Zunft, die mit einem Luftschiff auf Reisen gegangen sind. Seine Reise mit dem Zeppelin »Schwaben« im Jahr 1911 hat Hesse in drei eindrücklichen Erlebnisberichten literarisch festgehalten.

**Martin Walser: Ein springender Brunnen** (Suhrkamp Verlag, 1993) Der Autor, 1927 in Wasserburg am Bodensee geboren, gehört zu den wichtigsten deutschsprachigen Schriftstellern der Nachkriegsjahrzehnte. »Ein springender Brunnen«

ist ein stark autobiografischer Roman, der von einer Kindheit in Nazideutschland erzählt und dabei nicht nur authentische Einblicke in die Lebensumstände jener Zeit gibt, sondern auch das bäuerlich-kleinstädtische Bodensee-Ambiente plastisch werden lässt. Für das Buch wurde Walser 1998 mit dem Friedenspreis des Deutschen Buchhandels ausgezeichnet.

**Johannes Winter (Hg.): Geschichten vom Bodensee** (Insel, 2012) Martin Walser, Arnold Stadler, Hermann Hesse, Robert Gernhardt und viele andere am Bodensee geborene und zugezogene Autoren erzählen vom See, von den vielfältigen Landschaften ringsum und von interessanten Menschen, die an seinen Ufern leben. Eine schöne Urlaubslektüre.

Außerdem ist zum Bodensee ein **MERIAN-Magazin** im Handel erhältlich (TRAVEL HOUSE MEDIA, 2014).

## Feiertage

**1. Januar**  Neujahr
**6. Januar**  Heilige Drei König (Vorarlberg, Bayern, Baden-Württemberg)
**Ostermontag**
**1. Mai**  Tag der Arbeit
**Pfingstmontag**
**Fronleichnam**  (Vorarlberg, Bayern, Baden-Württemberg)
**1. August**  Nationalfeiertag in der Schweiz
**15. August**  Mariä Himmelfahrt (Vorarlberg, Bayern); Staatsfeiertag in Liechtenstein

**3. Oktober**  Tag der Deutschen Einheit (Deutschland)
**26. Oktober**  Nationalfeiertag in Österreich
**1. November**  Allerheiligen (Vorarlberg, Bayern, Baden-Württemberg)
**8. Dezember**  Mariä Empfängnis (Vorarlberg)
**25. Dezember**  1. Weihnachtfeiertag
**26. Dezember**  2. Weihnachtsfeiertag

## Geld

In Deutschland und Österreich ist der Euro (€) Zahlungsmittel, in der Schweiz und in Liechtenstein der Schweizer Franken (CHF). In allen Ländern der Region werden die gängigen Kreditkarten akzeptiert.

1 € ................................ 1,05 CHF
1 CHF ............................. 0,95 €

## Links und Apps

LINKS

**www.bodensee.de**
Die Website präsentiert die wichtigsten Orte am See, Ausflugsziele am Ufer und in der Umgebung. Zudem ist sie beim Buchen einer Unterkunft behilflich.

**www.bodensee.eu**
Auf diesem Portal stellt sich die Vierländerregion mit Hauptattraktionen und ausgesuchten Ausflugstipps vor.

**www.bodenseewetter.eu**
Unter dieser URL können Sie die aktuelle Wetterlage, Pegelstände, Wassertemperaturen und viele andere Infos abrufen.

**www.echt-bodensee.de**
Die Website stellt die Bodenseeanrainer samt Liechtenstein mit ihren wichtigsten Sehenswürdigkeiten vor und gibt Kulinarik- und Freizeittipps

APPS

**www.bodenseeferien.de**

Hier finden Sie Ortsporträts, Freizeittipps und ein Unterkunftsverzeichnis.

Für Android und iPhone | kostenlos

**www.radweg.de/bodensee/app**

Die gebührenpflichtige App zeigt in
der interaktiven Karte den genauen
Verlauf der Radwege an, dank GPS-
Daten lässt sich jederzeit der exakte
Standort ermitteln.

Für iOS 7.0 oder neuer. Kompatibel mit
iPhone, iPad und iPod touch

**Bodensee App**

Die von der Alpstein Tourismus GmbH
in Immenstadt entwickelte App bietet zehn Fahrradtouren rund um den
Bodensee, eine topografische Karte
und zahlreiche Tipps

Für iOS 4.0 oder neuer | 2,99 €

**Krüger Werft App**

Sämtliche Infos zu den Häfen, die
Nummern der Hafenmeister, Sturm-
warnungen und viele andere nützliche
Infos speziell für Skipper, aber auch
Shopping und Gastronomietipps.

Für Android | kostenlos

### Medizinische Versorgung

KRANKENHÄUSER

**Klinikum Friedrichshafen**, Röntgen-
str. 2, Tel. 07 54 19 60

**Klinikum Konstanz**, Luisenstr. 7,
Tel. 0 75 31 80 10

**Landeskrankenhaus Bregenz**, Carl-
Pedenz-Str. 2, Tel. +4 35 57 44 01 17 00

**Kantonsspital St. Gallen**, Rorschacher
Str. 95, Tel. +4 17 14 94 11 11

APOTHEKEN

**Deutschland**

Apothekennotdienstfinder aus dem dt.
Festnetz Tel. 08 00 02 28 33 (kostenfrei).

Aus dem dt. Mobilnetz 2 28 33 (max.
0,69 €/min).
Abfrage im Internet unter lak-bw.
notdienst-portal.de.

**Österreich**

In Bregenz steht Tag und Nacht ein
Apothekennotdienst zur Verfügung;
welche Apotheke gerade Bereitschaft
hat, erfährt man unter Tel. +4 35 57
44 21 02 22 oder im Internet www.
stadtapotheke-bregenz.at

**Schweiz**

Schaffhausen und Umgebung: Unter
der Telefonnummer der Volks-Apo-
theke (Schaffhausen, Vorstadt 50) werden Sie außerhalb der Öffnungszeiten
automatisch mit der Notfallapotheke
verbunden: Tel. +41 05 26 34 01 20
St. Gallen: Rathaus-Apotheke, Post-
str. 28, Mo–Fr 9–21, Sa 9–20, So, feiertags 10–20 Uhr

### Nebenkosten

In der Schweiz liegt das Preisniveau
derzeit deutlich höher als bei den
Nachbarn in Österreich und Deutschland. Für Speisen und alkoholische
Getränke im Restaurant muss man in
der Regel mindestens 50 Prozent mehr
veranschlagen als in Deutschland oder
Österreich.

| | |
|---|---|
| 1 Tasse Kaffee | 3 €/4 CHF |
| 1 Bier (0,5l) | 3,30 €/5,80 CHF |
| 1 Cola | 2,80 €/4,20 CHF |
| 1 Schachtel Zigaretten | 5,50 € (D)/ |
| | 4,90 € (A)/7,20 CHF |
| Taxifahrt | 2,20–2,50 €/km/ |
| | 3,90–4,30 CHF/km |
| Mietwagen/Tag | ab 42 € (D)/ |
| | ab 66 € (A)/ab 75 CHF |

## Notruf

**Euro-Notruf** 112 (auch vom Handy), auch bei Wassernotfällen.

DEUTSCHLAND

**Polizei** 110, **Feuerwehr** 112, **Rettungsdienst** 112, **Seenotdienst** 112
ÖSTERREICH

**Polizei** 113, **Feuerwehr** 122, **Rettungsnotdienst** 144, **Wasserrettung** 114
SCHWEIZ

**Polizei** 117, **Feuerwehr** 118, **Rettungsdienst** 144, **Wasserrettung** 118
LIECHTENSTEIN

**Polizei** 117, **Feuerwehr** 118, **Rettungsdienst** 144

## Kreditkartenverlust

Verlorene Bank- oder Kreditkarten aller Institute kann man in Deutschland unter der zentralen Sperrnotrufnummer 116 116 (gebührenpflichtig) sperren lassen, aus dem Ausland wählt man +49 116 116 (gebührenpflichtig).

## Mietwagen

Mietwagenverleiher finden sich in allen größeren Orten, in Österreich und in der Schweiz werden deutlich höhere Mietpreise verlangt. Die günstigsten Anbieter vor Ort kann man bequem über das Internetportal www.billiger-mietwagen.de finden.

## Pannenhilfe

**In Deutschland:** ADAC-Notrufzentrale 0 18 02 22 22 22
Aus dem Ausland: +49 89 22 22 22
**In Österreich:** 120
**In der Schweiz:** 140

## Post

**Deutschland:** Brief 0,62 €, Postkarte 0,45 €
**Österreich:** Brief und Postkarten 0,68 €
**Schweiz:** Brief und Postkarten 1,30 CHF

## Regionen-Card

Mit der **Bodensee Erlebniskarte** haben Touristen freien Eintritt in zahlreiche Museen, Strand- und Erlebnisbäder, bei Stadtführungen und Bergbahnen. Die Karte gibt es bei jeder Tourist Info und im Internet (www.bodensee.eu)

**Klima** (Mittelwerte)

| | Januar | Februar | März | April | Mai | Juni | Juli | August | September | Oktober | November | Dezember |
|---|---|---|---|---|---|---|---|---|---|---|---|---|
| Tages-temperatur | 5 | 9 | 14 | 19 | 22 | 27 | 29 | 28 | 24 | 18 | 11 | 6 |
| Nacht-temperatur | -3 | -1 | 4 | 8 | 11 | 15 | 16 | 16 | 13 | 8 | 2 | -2 |
| Sonnen-stunden | 3 | 4 | 5 | 6 | 6 | 7 | 8 | 7 | 6 | 5 | 3 | 3 |
| Regentage pro Monat | 4 | 3 | 6 | 7 | 10 | 9 | 8 | 8 | 8 | 7 | 7 | 5 |
| Wasser-temperatur | 16 | 15 | 16 | 16 | 19 | 22 | 24 | 25 | 24 | 23 | 20 | 17 |

zum Preis ab 40 € (3 Tage), 54 € (7 Tage) und 65 € (14 Tage), für Kinder (6–15 J.) ab 20, 27 und 32 €. Daneben gibt es auch die Varianten »Seebären«, mit der auch die Kursschiffe ohne weitere Kosten genutzt werden können, und »Sparfüchse«, die zusätzlich Rabatt für Top-Sehenswürdigkeiten (u. a. Insel Mainau) gewähren.

## Strom

In Österreich werden die gleichen zweipoligen Steckdosen (Typ C und F) wie in Deutschland verwendet.
In der Schweiz werden zweipolige (Typ C) und dreipolige (TYP J) Stecker verwendet, für die dicken Schutzstecker ist ein Adapter nötig.

## Telefon

### VORWAHLEN

A, CH, FL ▶ Deutschland 00 49
Deutschland ▶ A 00 41
Deutschland ▶ CH 00 43
Deutschland ▶ FL 0 04 23

Wenn Sie im Ausland mit dem Handy telefonieren, können hohe Roaminggebühren anfallen; auch in Konstanz, Lindau und Umgebung wählt sich das deutsche Handy gerne in das Schweizer bzw. österreichische Netz ein. Deaktivieren Sie deshalb die »Automatische Netzwahl«, bei internetfähigen Handys das »Datenroaming«.

## Verkehr

### AUTOFAHREN

Innerorts darf in allen Ländern rund um den See maximal 50 km/h gefahren werden, auf Autobahnen gilt nur in Deutschland kein generelles Tempolimit, auf Schweizer Autobahnen sind maximal 120 km/h, in Österreich maximal 130 km/h erlaubt. Auf Landstraßen liegt das Tempolimit in Deutschland und Österreich bei 100 km/h, in der Schweiz bei 80 km/h, auf den autobahnähnlichen Bundesstraßen der Schweiz sind 100 km/h zulässig.

### FAHRRADFAHREN

In Bahnen und auf den Fähren können Räder mitgenommen werden. An Tagen, an denen man längere Strecken mit dem ÖPNV fährt, kann eine **Tageskarte Euregio Bodensee mit Fahrrad-Kombi** lohnen. (www.euregiokarte. com). Sie gilt bei den Bahnen und den Fähren Konstanz–Meersburg sowie Romanshorn–Friedrichshafen und kostet je nach Reichweite des Tickets 29, 35 oder 45 €. In Bussen ist die Fahrradmitnahme nicht möglich.

### ÖPNV

Mit einer **Tageskarte Euregio Bodensee** kann man Bahnen, Busse und Schiffe in den Anrainerländern einen Tag lang beliebig oft und in beliebiger Kombination benutzen. Zwischen Friedrichshafen und Ravensburg verkehrt neben der Deutschen Bahn die private Bodensee-Oberschwaben-Bahn (www.bob-fn.de). Busverbindungen in der Region Bodensee-Oberschwaben bietet der Verkehrsverbund »bodo« (www.bodo.de). Wie Busse und Bahnen in der Region Vorarlberg vernetzt sind, lässt sich unter www. vmobil.at ermitteln. So ziemlich jeden Winkel der Schweiz erreicht man mit dem Postbus (www.postauto.ch).
Die Busse in den einzelnen Städten können Urlauber meist mit der jeweiligen Gästekarte kostenlos benutzen.

Orts- und sogar länderübergreifende Gültigkeit hat die Tageskarte Euregio Bodensee, mit der Passagiere mit Bahn, Bus und Schiff fahren können. Für verschiedene Reichweiten ist sie als 1-, 2- oder 3-Zonen-Ticket zu haben. Die Preise liegen bei 18, 24 bzw. 31 € (26, 35, 45 CHF). Verkauft wird sie an allen Bahnhöfen, an Schiffsanlegern und in den Bussen.

SCHIFFFAHRT

Die Schiffe der Vereinigten Schifffahrtsunternehmen für den Bodensee und Rhein (VSU) verbinden von April bis Oktober zahlreiche Orte am See. Auf dem Schnellkurs Konstanz–Friedrichshafen verbindet der Katamaran täglich beide Städte im Stundentakt, und auf den Strecken Konstanz–Meersburg sowie Friedrichshafen–Romanshorn dienen die Autofähren rund ums Jahr als »schwimmende Brücke«.

– **Bodensee-Schiffsbetriebe GmbH:** www.vsu-online.info
– **Autofähre Konstanz-Meersburg:** stadtwerke.konstanz.de
– **Bodensee-Fähre Friedrichshafen-Romanshorn:** www.bsb.de
– **Vorarlberg Lines:** www.vorarlberg-lines.at
– **SBS Schifffahrt AG-Romanshorn:** www.bodenseeschiffe.ch
– **Schweizerische Schifffahrtsgesellschaft Untersee u. Rhein:** www.urh.ch
Plan Schifffahrtsnetz ▶ Klappe hinten

## Zeitungen

Die deutsche Tageszeitung für den Raum ist der in Konstanz erscheinende »Südkurier«, www.suedkurier.de. In Bregenz gibt es die »Neue Vorarlberger Tageszeitung«, www.neue.at, in St. Gallen das »Tagblatt«, www.tagblatt.ch. Gastro-Führer für die Region ist die »Seezunge«, www.seezunge.de.

**Entfernungen (in Straßenkilometern) zwischen wichtigen Orten**

| | Bregenz | Friedrichshafen | Konstanz | Lindau | Meersburg | Radolfzell | Romanshorn | St. Gallen | Stein am Rhein | Überlingen | Vaduz |
|---|---|---|---|---|---|---|---|---|---|---|---|
| Bregenz | – | 30 | 61 | 8 | 49 | 80 | 40 | 40 | 94 | 66 | 53 |
| Friedrichshafen | 30 | – | 91 | 22 | 19 | 61 | 70 | 79 | 76 | 36 | 88 |
| Konstanz | 61 | 91 | – | 69 | 51 | 19 | 21 | 85 | 27 | 44 | 96 |
| Lindau | 8 | 22 | 69 | – | 41 | 88 | 48 | 48 | 102 | 58 | 68 |
| Meersburg | 49 | 19 | 51 | 41 | – | 42 | 89 | 96 | 57 | 17 | 106 |
| Radolfzell | 80 | 61 | 19 | 88 | 42 | – | 40 | 66 | 23 | 25 | 116 |
| Romanshorn | 40 | 70 | 21 | 48 | 89 | 40 | – | 23 | 40 | 65 | 73 |
| St. Gallen | 40 | 79 | 85 | 48 | 96 | 66 | 23 | – | 70 | 124 | 57 |
| Stein am Rhein | 94 | 76 | 27 | 102 | 57 | 23 | 40 | 70 | – | 48 | 120 |
| Überlingen | 66 | 36 | 44 | 58 | 17 | 25 | 65 | 124 | 48 | – | 117 |
| Vaduz | 53 | 88 | 96 | 68 | 106 | 116 | 73 | 57 | 120 | 117 | – |

# IN BREGENZ LEBT
# DER BODENSEE

**Informationen**

Bregenz Tourismus & Stadtmarketing GmbH

bregenz.travel

BREGENZ

DAS MEHR AM SEE

# ORTS- UND SACHREGISTER

Wird ein Begriff mehrfach aufgeführt,
verweist die **fett** gedruckte Zahl auf die Hauptnennung.
Abkürzungen: Hotel [H] · Restaurant [R]

Liebe Leserinnen und Leser,

vielen Dank, dass Sie sich für einen Titel aus unserer Reihe MERIAN *momente* entschieden haben. Wir wünschen Ihnen eine gute Reise. Wenn Sie uns nun von Ihren Lieblingstipps, besonderen Momenten und Entdeckungen berichten möchten, freuen wir uns. Oder haben Sie Wünsche, Anregungen und Korrekturen? Zögern Sie nicht, uns zu schreiben!

Alle Angaben in diesem Reiseführer sind gewissenhaft geprüft. Preise, Öffnungszeiten usw. können sich aber schnell ändern. Für eventuelle Fehler übernimmt der Verlag keine Haftung.

© 2016 TRAVEL HOUSE MEDIA GmbH, München
MERIAN ist eine eingetragene Marke der GANSKE VERLAGSGRUPPE.

TRAVEL HOUSE MEDIA
Postfach 86 03 66
81630 München
merian-momente@travel-house-media.de
www.merian.de

Alle Rechte vorbehalten. Nachdruck, auch auszugsweise, sowie die Verbreitung durch Film, Funk, Fernsehen und Internet, durch fotomechanische Wiedergabe, Tonträger und Datenverarbeitungssysteme jeglicher Art nur mit schriftlicher Genehmigung des Verlages.

**BEI INTERESSE AN MASSGESCHNEIDERTEN MERIAN-PRODUKTEN:**
Tel. 0 89/4 50 00 99 12
veronica.reisenegger@travel-house-media.de

**BEI INTERESSE AN ANZEIGEN:**
KV Kommunalverlag GmbH & Co KG
Tel. 0 89/9 28 09 60
info@kommunal-verlag.de

1. Auflage

**VERLAGSLEITUNG**
Michaela Lienemann
**REDAKTION**
Susanne Kronester
**LEKTORAT**
Ingra Orthober
**BILDREDAKTION**
Tobias Schärtl
**SCHLUSSREDAKTION**
Ulla Thomsen
**HERSTELLUNG**
Bettina Häfele, Katrin Uplegger
**SATZ**
Nadine Thiel, kreativsatz, Baldham
**REIHENGESTALTUNG**
Independent Medien Design, Horst Moser, München (Innenteil), La Voilà, Marion Blomeyer & Alexandra Rusitschka, München und Leipzig (Coverkonzept)
**KARTEN**
Gecko-Publishing GmbH für MERIAN-Kartographie
**DRUCK UND BINDUNG**
Printer Trento, Italien

Ein Unternehmen der
GANSKE VERLAGSGRUPPE

PEFC
PEFC/18-31-506

**BILDNACHWEIS**
Titelbild (Blick vom Münsterturm auf Konstanz und den Bodensee), JAHRESZEITEN VERLAG: A. Selbach
Anzenberger: T. Anzenberger 150 | arkivi UG 82 | AWL Images: K. Kreder 44 | Bädergesellschaft Konstanz mbH 19 | Bildagentur Huber: R. Schmid 62/63, 64, 68, 99, 111 | bo|ra Sauna-Bodensee 58 | Bregenzer Festspiele: atelier pi 52 | Corbis 4/5, D. Balibouse/Reuters 168, S. Dee/Robert Harding World Imagery 140, H. Spiering/Westend61 71 | ddp images: dfd 126, F. Kästle 43, 55, J. Koch 61 | Forum Würth: 30, Imhof/kurzschuss photography gmbh 16 | fotolia.com: DM 15, HappyAlex 161, S. Külcü 56, M. Schönfeld 75 | gemeinfrei 174l, 174r, 175, 176, 177 | Getty Images: R. Harding 154/155, Photographer's Choice 164/165 | Glow Images: S. Gabriel/imageBROKER 60, M. Keller/imageBROKER 119, Prisma 135, D. Schoenen/imageBROKER 94 | Hotel Adara: C. Flemming 22 | imageBROKER: M. Keller 101 | imago: bodenseebilder.de 6, Kickner 152 | INTERFOTO: M. Schneiders 76 | JAHRESZEITEN VERLAG: G. Knoll 72, P. Koschel 40, 47, 80, 96, A. Selbach 12, 20/21, 51, 86, 89, 93, 104, 109, 115, 117, 123, 159, 172l, G. Wrage 26 | Kunsthaus Bregenz: Matthias Weissengruber 146 | Kunstmuseum Stuttgart: K. Loges, A. Langen/die arge lola 124 | laif: J. Boening/Zenit 163, R. Brunner 112, G. Haenel 13r, T. Linkel 48, G. Mähler/SZ Photo 192o, N. Maskus 103, D. Schwelle 2, 107, B. Steinhilber 36, M. Trippel 35 | look-foto: M. Kreuzer 29, D Schoenen 142 | MAC Museum Art & Cars 17 | mauritius images: alamy 133, E. Streit/imageBROKER 130, Westend61 166, 192u | Museum Humpis-Quartier: A. Köhler/andereart.de 157 | Park Hotel Sonnenhof: M. Walser/T. Zerlauth 25 | schwarz & gehilfen 59 | Shutterstock: agrino 173, foto76 32, KPG_Payless 13l, A. Martinez de Mingo 172r, V. Volrab 14 | swiss-image.ch 137 | Verkauferei: Klaudia Longo 149 | Vorarlberg Museum: Robert Gander 18

# GESTERN & HEUTE

Tagein, tagaus fahren die großen **Autofähren** (▶ S. 184) zwischen Meersburg und Konstanz und bringen Autos und Passagiere die 4,8 km lange Strecke über den Bodensee – und das schon seit 1928. Konnten die ersten Fähren nur 25 Pkws auf einmal an Bord nehmen, so passen auf die heutigen Modelle bis zu 64 Pkws, die mit einer Geschwindigkeit von – damals wie heute – 22 km/h über die sogenannte »schwimmende Brücke« ans andere Ufer gebracht werden.

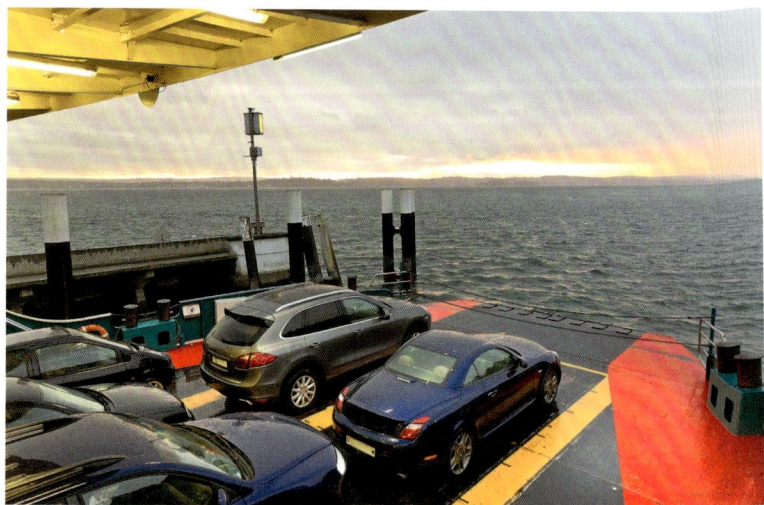